Teología descalza

Colección EL POZO DE SIQUÉN
492

Pilar Huerta Román

TEOLOGÍA DESCALZA

Mis reflexiones en el Carmelo

Introducción de
MIGUEL MÁRQUEZ CALLE, OCD

Prólogo de
EMILIA MARÍA CASTELLANO HERRERO

© Editorial Sal Terrae, 2025
Grupo de Comunicación Loyola
Polígono de Raos, Parcela 14-I
39600 Maliaño (Cantabria) – España
Tfno.: +34 944 470 358
info@gcloyola.com
gcloyola.com

Imprimatur:
✠ Arturo Ros Murgadas
Obispo de Santander
4-7-2025

Diseño de cubierta:
Félix Cuadrado Basas (*Sinclair*)

Impreso en España. *Printed in Spain*
ISBN: 978-84-293-3262-9
Depósito legal: BI-803-2025

Fotocomposición:
Rico Adrados, S. L. – Burgos / www.ricoadrados.com

Impresión y encuadernación:
Gráficas Lope, S. L. – Salamanca / www.graficaslope.com

MIXTO
Papel | Apoyando la
silvicultura responsable
FSC
www.fsc.org
FSC® C217642

Índice

Introducción

Hay en la unión de estas dos palabras, «teología» y «descalza», algo de provocador y desafiante, una especie de guiño elegante y certero, una gracia especial que sabe a las «frescas mañanas» de las que hablaba Juan de la Cruz, aquel gran teólogo de la mística, de la experiencia vital y de la teología poética.

Entre otros, fue Gustavo Gutiérrez el que dijo que la buena teología empieza siendo silencio, después se hace vida y finalmente se convierte en palabra, alumbrada en la gestación de ese silencio hecho carne en la vida.

Por eso, la primera discípula y teóloga fue María, que, en la escuela de la escucha y el silencio, preñada del misterio palpitante de Dios en sus entrañas, llevó al Logos, el Verbo de Dios, en su seno y fue *Magnificat*, palabra auténtica y viva, en sus labios, siendo ya teología verdadera en su corazón.

Tengo el privilegio de añadir unas pocas palabras deshilachadas al tejido vivencial y lleno de colores de este nuevo libro de mi hermana Pilar Huerta Román, carmelita descalza como su teología.

Ella lleva la vocación bíblica bailándole honda en los adentros del diario discurrir de su vida carmelitana, como historia sagrada hecha cotidianidad y encuentro, alegría compartida y taller de familia teresiana.

La reflexión le nace, a Pili, del telar de la vida ordinaria, en camino con Jesús y en recreación con sus hermanas y amigas, así como de las muchas horas de silencio, lectura y escritura. Es como una vocación dentro de la vocación, nacida de la intuición comunitaria, al calor del diálogo sincero con sus hermanas del monasterio de Toro (Zamora).

Suavemente nos invita Pilar a adentrarnos en la vivencia apasionante de la Biblia (la carta a los Hebreos, san Pablo, los profetas...), a la vez que establece una sintonía con la espiritualidad de los místicos del Carmelo, todos ellos atravesados y dados a luz en la palabra de Dios, en la voz del Amado.

Se trata de un libro sapiencial y de formación para vivir, que ayuda a reflexionar, meditar y dejarse interpelar. Narra y desenvuelve una teología que se ha cosido descalza y cuya clave de lectura también es la actitud de descalcez.

Hay que descubrir en todo el libro una armonía de fondo y un tema esencial, dejándonos adentrar en el corazón de la vivencia de la palabra de Dios. Ella nos centra y ancla en Jesús y nos mete de lleno en su entrega en la cruz, haciéndonos partícipes de su sacerdocio, para ofrecer nuestros cuerpos como hostia viva. Esta es la aventura que vivieron Pablo y Teresa, encendidos en el fuego de ese amor impetuoso y seductor.

Preciosa combinación la que nos ofrece Pilar, entrelazando las figuras del Carmelo con la reflexión bíblica y aportando una riqueza vital y urgente para nuestro tiempo, nacida de su propia vivencia y tejida, a la vez, con sabiduría y sencillez. Es esa riqueza espiritual que se purifica en la crisis y la transformación continua, que nace de la propia noche, fragilidad y pobreza que tiembla en la raíz, y a partir de la cual ella misma se deja reconstruir y ayudar, en un continuo ejercicio de comienzo y de nacimiento permanente. Eso es lo que da al teólogo la autoridad, al hablar, descalzo, de una teología vivida.

Cada uno de los temas tratados invita a reflexionar, pero aún más a meditar y orar, a rumiar tanto la palabra de Dios como la palabra nacida en el taller de la contemplación, del silencio, de la comunidad y de una gracia que hace a la autora no solo vivir estas cosas sino también dejarse atravesar, herir, y a la vez saber expresarlas.

Gracias, querida Pilar, por este nuevo regalo que nos haces a todos los sedientos lectores. Gracias por alentarnos a auscultar el latir de Dios, «eterno presente» (Isabel de la Trinidad), a ser atentos escrutadores de su palabra, para dejarnos seducir, como Jeremías, y, con la sabiduría de los santos del Carmelo, atrevernos no a copiarlos sino a hacer de la historia sagrada una aventura nueva, por estrenar.

Te invito, por tanto, querido lector, a disfrutar de esta obra, de espiritualidad cristiana desde la mística carmelitana, como quien se deja introducir en una experiencia viva, palpitante, de la mano de los grandes maestros del Carmelo (en concreto, Teresa de Jesús e Isabel de la Trinidad), abordando temas clave como la carta a los Hebreos y la experiencia vital de san Pablo, puesta en sintonía con la aventura teresiana.

La hermana Pilar nos invita a reestrenar nosotros mismos esa experiencia que ellos vivieron, dejándonos atravesar por la palabra de Dios, viva y eficaz, para presentar nuestros cuerpos como hostia viva, santa, agradable a Dios.

La misión que Isabel de la Trinidad siente como propia está enraizada en el sacerdocio de Cristo, alianza de Dios con la humanidad. «Me gusta pensar que la vida del sacerdote (y de la carmelita) es como un Adviento que prepara la encarnación del Señor en las almas» (carta del 29 de noviembre de 1905). El sacerdocio de Cristo en obediencia al Padre encuentra en la «alabanza de gloria» de Isabel un sentido encarnado en la vida de una carmelita y de cada uno de nosotros.

En la escuela de san Pablo y de Teresa de Jesús, nuestra vida es una experiencia constante de conversión, de transformación y de comunión con Cristo, vivo y resucitado. La radical entrega a la que nos invitan nace de la experiencia de un amor que salió a su encuentro, los conquistó y cambiaría para siempre sus vidas y la de la Iglesia. Este es el desafío y la interpelación, la provocación constante de los santos, que se actualiza de forma original en cada época de la historia de la Iglesia, con sorprendente novedad.

La «determinada determinación» es una expresión teresiana muy genuina y llena de sentido para nuestro tiempo, tan inconstante y disperso. Conecta con las palabras del papa León XIV desde el balcón de San Pedro, cuando en su primera intervención, recién elegido papa, nos invitaba a «una paz desarmada y desarmante, humilde y *perseverante*». Esa insistencia recoge toda esta reflexión preciosa, al hilo de la Escritura santa, y nos lanza a la radicalidad del amor humilde que no se rinde, dejándose renacer constantemente, porque está asentado en la confianza y en el protagonismo de Jesús en nuestras vidas.

Con el deseo de que la lectura de estas páginas te descalce el alma, te haga dócil para dejarte atravesar por la gracia y la sabiduría del Espíritu, te arrope y te revista de la fuerza viva y transformante que enamoró a Pablo de Tarso, a Teresa de Jesús, a Isabel de la Trinidad y a los santos de todos los tiempos, te deseo una ¡FELIZ AVENTURA!

MIGUEL MÁRQUEZ CALLE, OCD
Superior general

Prólogo

El encuentro personal de cada ser humano con la Biblia es siempre un camino testimonial, plagado de sorpresas y abierto al asombro. Es un camino teológico y teologal, en el sentido más hondo y más íntimo que podamos imaginar, porque en él laten dos corazones en diálogo continuo: el de Dios y el de la persona.

Como camino teológico, el diálogo abierto entre Dios y el ser humano puede enmarcarse dentro de los parámetros de la teología (de *theós*, que significa «Dios», y *lógos*, «estudio» o «razonamiento»), porque somos nosotros quienes hablamos de él. Y como camino teologal, ese diálogo se levanta por encima de la filosofía, para convertir el encuentro íntimo y personal en algo tan simple y complejo como la vida misma. Aquí ya estamos pisando, como Moisés, la tierra sagrada donde Dios habita, y esa acción tiene como premisa el «descalzarse», puesto que ya no estaríamos hablando de Dios o sobre él, sino viviendo en Dios y con él en medio del corazón (dentro de la existencia).

Teología descalza no deja de ser un guiño a la espiritualidad del Carmelo de Teresa, donde Jesús el Señor es el centro de la vida, y la Vida misma de cada ser humano que se atreve a acercarse y «mirar al que lo mira» (tal como hizo Moisés ante la zarza ardiendo), para volver a mirarlo de nuevo. No es una teología de facultad ni de magisterio; es más una vivencia teologal, que encaja perfectamente con la definición de san Pablo de lo que es ser cristiano: «Tener los mismos sentimientos de Cristo». Esta definición es el compendio de la carta a los Filipenses, preciosa introducción a la abundancia del amor de nuestro Dios, hecho de una altura, anchura y profundidad difícilmente concebibles.

Este libro, como el resto de los de la autora, está tejido con un «hilo conductor» que abarca y contiene todos los matices y todos los temas. Ese hilo es Cristo, la Palabra de Dios hecha carne. Una Palabra que, siendo la única del Padre, abarca y contiene todas las demás, que son nuestras y que en esta obra tienen nombre y apellidos.

Estamos inmersos en un mundo donde hablar de Dios es políticamente incorrecto, y, sin embargo, nunca como ahora se necesita y se justifica que hablemos de él, nosotros con nosotros mismos y unos con otros. Porque una cosa es lo que creemos que somos y otra lo que somos realmente. Es posible que muchos crean que no necesitan de Dios y que la ciencia y la tecnología lo han sepultado para siempre. Pero otra cosa es lo que en realidad mostramos con nuestra sequía humana, con nuestra violencia continua, con los mil y un problemas éticos no resueltos, reconvertidos en gritos y gemidos con los que la humanidad ruega la lluvia del Espíritu. Y es que nos precede una historia de miles de años donde incontables mujeres y hombres se han dejado seducir por Dios, que, descaradamente, los ha seducido primero.

El libro se abre, a semejanza de un pórtico de la Gloria, con un comentario a la carta a los Hebreos. Considero que Pilar se ha lanzado con este texto a una piscina de gran profundidad, en la que parece bucear con competencia y audacia, para dejarnos ver la inmensa hermosura del significado real del cuerpo de Cristo, verdadero templo de Dios (sacerdote, víctima y altar), que alcanza y «sella» (imprimiendo carácter) a todos los bautizados.

Dice Pablo d'Ors que «la renovación espiritual es la solución a la urgencia fundamental para la Iglesia hoy», y creo que Pilar deja aquí suficientes pistas como para que cualquier bautizado entienda el misterio cercano y amable de su bautismo. Ese que, precisamente, lo capacita para vivir, aquí y ahora, una vida teologal intensa de fe y esperanza, desde el amor que suscita y reclama mansamente el Jesús del Evangelio. Somos profetas, reyes y sacerdotes, a un nivel poco explorado por la pastoral eclesial y, sin embargo, por ahí va la *nueva* mística cristiana, que no lo es tanto, porque, como verá el lector, hay quien la ha encarnado con todo lujo de detalles dentro del Carmelo Descalzo.

El hombre y la mujer de hoy tienen derecho a conocer la riqueza del patrimonio de su fe y a vivir en el gozo del Resucitado. Y a esto se ha apuntado la autora, compartiendo con todos el fruto de su vida, hecha reflexión consciente.

En la Biblia hay un imperativo categórico que, por otro lado, es inapelable a la hora de comprender de qué hablamos. Se trata del famoso *Šema Israel* («Escucha, Israel»), que descubrimos en los Evangelios puesto en boca de Jesús cuando responde a quienes le preguntan cuál es el mandamiento (la ley) fundamental de Dios y él responde: «El más importante es "Escucha, Israel: el Señor nuestro Dios es solamente uno. Amarás al Señor tu Dios con todo tu corazón, y con toda tu alma, y con toda tu fuerza, y con toda tu mente; y a tu prójimo como a ti mismo"» (Lc 10,27).

Cuesta trabajo encontrar mejor razón para sentarse a leer este nuevo libro de la hermana Pilar, que puede ayudarnos a mirar y escuchar eso tan importante que Dios quiere que entendamos.

EMILIA MARÍA CASTELLANO HERRERO

Edición y siglas

Para nuestro estudio, en cuanto a los escritos de santa Teresa, seguimos la edición de sus obras completas realizada por la Editorial de Espiritualidad[1]. Estas son las siglas que utilizamos:

C   *Camino de perfección* (autógrafo de Valladolid)
CC   *Cuentas de conciencia*
Cta   *Cartas*
E   *Exclamaciones*
F   *Fundaciones*
M   *Moradas*
MC   *Meditaciones sobre los Cantares*
P   *Poesías*
V   *Libro de la vida*

En el caso de santa Isabel de la Trinidad, hemos utilizado las *Obras completas* publicadas por la editorial Monte Carmelo[2]. Las siglas empleadas son las siguientes:

---

[1] SANTA TERESA DE JESÚS, *Obras completas*, Editorial de Espiritualidad, Madrid 2000⁵.
[2] SOR ISABEL DE LA TRINIDAD, *Obras completas*, Monte Carmelo, Burgos 1984⁴.

CP	*Composiciones poéticas*
CT	*Cielo en la tierra*
EP	*Epistolario*
Exc	*Excursiones al Jura*
ME	*Misivas espirituales*
PL	*Palabras luminosas*
UE	*Últimos Ejercicios*

En las citas de santa Isabel de la Trinidad, indicamos la sigla correspondiente al libro en cuestión, seguida del número de la página donde se encuentra dicha cita en la edición consultada (por ejemplo: CT 142), salvo en las referencias a las cartas, donde el número que sigue a la sigla EP no indica la página de las *Obras completas* sino el número asignado a esa carta dentro del *Epistolario*. En las citas de los escritos de santa Teresa de Jesús, se indica normalmente la sigla del libro, seguida por los números de capítulo y de párrafo (por ejemplo: C 4,4).

Para los textos bíblicos he acudido a dos traducciones de la Sagrada Escritura: la de la Conferencia Episcopal Española (Biblioteca de Autores Cristianos, Madrid, 2011) y la de La Casa de la Biblia (Madrid, 1992).

1

La carta a los Hebreos
Una lectura desde sor Isabel de la Trinidad[3]

«¡Qué sublime es la misión de una carmelita!
Tiene que ser mediadora con Jesucristo»

(EP 232).

1. Introducción

1.1. *La familiaridad entre dos autores*

Hace unos años, profundizando en el estudio de la Sagrada Escritura, descubrí un pequeño tesoro que posteriormente ha sido para mí de gran valor, tanto en el aspecto de estudio (científico) como en el espiritual: la carta a

---

[3] Hemos usado las siguientes obras para el estudio de la carta a los Hebreos: L. RUBIO MORÁN, *Otros Escritos del Nuevo Testamento*, PPC-Casa de la Biblia, Madrid 1987; A. VANHOYE, *El mensaje de la carta a los Hebreos* (Cuadernos bíblicos, 19), Verbo Divino, Estella 1982; Vv. AA., *Comentario al Nuevo Testamento*, Verbo Divino-Casa de la Biblia, Estella 1982; traducción bíblica de La Casa de la Biblia.

los Hebreos. De la mano del padre Albert Vanhoye y de don Luis Rubio Morán, he podido introducirme en este maravilloso escrito y disfrutar tanto de su fondo como de su forma, nunca mejor dicho, ya que la estructura que presenta Vanhoye introduce ya en el contenido. Puedo repetir sin ánimo de vanagloria, sino con toda verdad y sinceridad, las mismas palabras que dijo Étienne Charpentier al estudiar a Vanhoye: «Me sentí realmente deslumbrado. Desde aquel día, la carta a los Hebreos se convirtió para mí en un texto luminoso y meditado sin cesar».

Casi a la par leí a sor Isabel de la Trinidad y, en un momento determinado, algo me llamó la atención. A pesar de que sor Isabel no tiene muchas citas explícitas de este texto –que en su tiempo se atribuía a san Pablo–, se da en sus escritos un vocabulario muy afín, casi idéntico: existe una serie de palabras que son iguales a las de la carta a los Hebreos. Si los lectores se detienen a pensar en cada uno de los dos textos por separado, o en ambos a la vez, se darán cuenta de que ciertas palabras aparecen con frecuencia en los dos autores, el de la carta a los Hebreos y sor Isabel. Por ejemplo: sacrificio, víctima, expiación, sufrimiento, holocausto, sangre, tabernáculo, entrega, morada, santuario, fe, santificación, culto, alabanza, acción de gracias...

Una mirada atenta me ha hecho ver que entre ellos puede darse una cierta relación. De toda la carta o sermón a los Hebreos, me he fijado solamente en el tema del sacerdocio de Cristo, ese sacerdocio que supera y perfecciona el del Antiguo Testamento, y en las consecuencias que esto tiene para la vida cristiana. De alguna manera, trato de relacionarlo con los escritos de sor Isabel, con su vida. Pienso que resulta más fácil pensar en ella como profeta que como sacerdote, pues la dimensión profética está claramente marcada en sus escritos. Pero también existe esa otra dimensión sacerdotal, que nos puede resultar interesante. Siendo consciente de que esto podría verse desde muchos puntos de vista, yo lo hago desde la carta a los Hebreos.

No me voy a detener en las cuestiones preliminares, introductorias, ni en la estructura de la carta. Pasaré directamente al contenido, en concreto a la parte que se refiere a Cristo sacerdote, aunque antes, por su importancia y originalidad, diré unas palabras sobre la motivación que impulsó al autor a componer este bello escrito.

1.2. *Un escrito original*

De todos es conocida la expresión «carta a los Hebreos»; sin embargo, no se trata propiamente de una carta sino de un sermón. Es una obra curiosa, original y estimulante; como ya dije, constituye un auténtico tesoro. Es el único sermón propiamente dicho del Nuevo Testamento que conservamos en su tenor literal. Su contenido es simple: Jesús es nuestro sumo sacerdote; en él y por él tenemos acceso al Padre. Un mensaje que resulta deslumbrante.

La originalidad del autor estriba en darle a Jesús el título de sumo sacerdote, que no encontramos en ningún otro texto del Nuevo Testamento. Quizá la costumbre nos haga incapaces de captar lo que en aquel momento supuso una afirmación así de atrevida, por las dificultades que ahora veremos.

Este era un problema que había que resolver, pues era evidente que Jesús no fue sacerdote según la ley judía. No pertenecía a la tribu de Leví sino a la de Judá, y tampoco venía de una familia sacerdotal. No ejerció durante su vida ninguna de las funciones propias de los sacerdotes judíos. La actividad de Jesús se parecía más a la de los profetas. De hecho, la gente se preguntaba si sería «el profeta que había de venir» (Jn 6,14; cf. Jn 7,40), o si sería *el Mesías*. Viéndolo y observando su actuación, a nadie se le ocurre preguntarse si será el *sacerdote* que ha de venir. Muere *fuera de la ciudad*, como un condenado, un malhechor, un excluido del pueblo santo (cf. Nm 15,30; Dt 21,22s); como un maldito, abandonado de Dios, todo lo lejos que imaginarse pueda de una acción sacrificial, de la actividad de un sacerdote, de la ofrenda de una víctima aceptable a Dios. Aunque se pudiera afirmar que su muerte fue un acto de amor extremo a los hombres, de misericordia hacia ellos, nada parecía indicar que se tratara de un acto sacerdotal, de un sacrificio según lo instituido en la ley.

Aquí radica el problema. Si los cristianos decían, como lo hicieron desde el primer momento, que en Cristo se habían cumplido las Escrituras, era lógica la pregunta: ¿qué pasa entonces con todo lo referente a la institución sacerdotal, atestiguada en esas Escrituras Sagradas? La Escritura se ocupa ampliamente del sacerdocio. Incluso en la vida de Jesús, dentro de la complejidad de sus palabras y de sus actuaciones, parece que no se puede negar totalmente una cierta referencia o relación positiva con el culto y, por tanto, con el sacerdocio.

Y, sin embargo, decir que Jesús era sacerdote habría resultado una afirmación audaz. Pero nuestro autor fue capaz de vencer resistencias, armonizar conceptos, profundizar en esa realidad del sacerdocio antiguo y en la vida-muerte de Jesús. Para ello prescindió, como él mismo dice, de lo elemental, para fijarse en lo esencial, en lo adulto, en el alimento sólido. Dirigió su mirada a lo que en su hondura quería expresar el sacerdocio del Antiguo Testamento, más allá y por encima de sus concreciones ceremoniales o rituales, y vio que el proyecto era válido: estaba llamado a establecer unas buenas relaciones entre Dios y los hombres. Pero su realización histórica estaba empezando a ser insuficiente: al irse reduciendo a una serie de ritos que no conseguían su objetivo, terminó por convertirse en un callejón sin salida.

Y así, tomando en cuenta solo lo fundamental, el autor del sermón examina, por una parte, los rasgos esenciales del sacerdocio del Antiguo Testamento. En él, el sacerdote es el hombre llamado por Dios y tomado de entre los mismos hombres, con quienes se siente solidario; sus buenas relaciones con ambos le permiten actuar como intermediario entre ellos y ofrecer sacrificios a Dios. Y, por otra parte, observa qué tipo de sacerdocio es el de Cristo, y cuáles son sus características esenciales, que lo especifican y distinguen radicalmente del sacerdocio antiguo.

A su entender, Cristo asumió, realizó y perfeccionó aquello que el sacerdocio, en el fondo y según el proyecto de Dios, quería y estaba llamado a realizar. Así, en Jesús también se cumple esta Escritura, la del sacerdocio. Descubre las semejanzas profundas, las diferencias fundamentales y la superioridad del sacerdocio de Cristo respecto al del Antiguo Testamento. De esta manera, nuestro autor transformó la comprensión del sacerdocio y amplió y profundizó la fe cristiana.

Divido este capítulo en dos partes. En la primera, podremos ver cómo es el sacerdocio de Cristo; en la segunda, las consecuencias que esto tiene para la vida cristiana. En ambas destacaremos la relación con sor Isabel de la Trinidad.

2. Dios ha constituido a Cristo sumo sacerdote

2.1. Jesús, mediador entre Dios y los hombres

«¡Qué sublime es la misión de una carmelita! Tiene que ser mediadora con Jesucristo. Tiene que ser para él como una humanidad suplementaria, donde pueda perpetuar su vida de reparación, de sacrificios, de alabanza y de adoración» (EP 232); «¿No sientes subir constantemente mi oración hacia él y descender hasta ti?» (EP 148). El sacerdote es un hombre que tiene la responsabilidad social de las relaciones con Dios. En otras palabras, tiene un papel de mediador. Esto se cumple claramente en Jesús, ya que está en íntima relación con Dios y, al mismo tiempo, está en íntima y óptima relación con los hombres. Es un sacerdote misericordioso, solidario con ellos. Estamos ante una gran noticia para nosotros: no estamos solos. Nos han tendido un puente. Alguien nos coge de la mano y nos lleva hasta el mismo Dios, y a la vez ese alguien acerca hasta nosotros al mismo Dios. Él es el camino, el puente que allana todos los obstáculos.

Esta faceta del sacerdocio de Jesús la podemos contemplar en sor Isabel. Ella, por su intimidad con Jesús, es capaz de hacer su mismo camino, llevando de la mano a muchas personas. Esto se puede ver principalmente en el epistolario. En una carta a la señorita Germaine de Gemeaux dice: «Hermanita de mi alma, a la luz de la eternidad, el Señor me hace comprender muchas cosas. Te digo, como si fuera de su parte, que no temas el sacrificio y la lucha. Al contrario, alégrate cuando pases por esos momentos» (EP 286).

También a la señora Hallo le dice: «Es un consuelo poder dar a Dios a las almas y llevar las almas a Dios. La vida adquiere otro ritmo cuando se la orienta de ese modo» (EP 200). Y a su amiga, la señorita Françoise de Sourdon, le escribe: «Hablo todos los días al Señor de mi querida amiga. Es tan dulce encomendarle a las personas que se ama y se han dejado por él... Pero ¿qué estoy diciendo? Nosotras no nos hemos separado, las rejas jamás existirían para nuestros corazones, y el de tu Sabeth será siempre el mismo. Dile a tu madre que rezo todos los días por ella y por las intenciones que me ha encomendado, y también por la señora d'Anthès. ¿Sabes? En el Carmelo se ensancha el corazón y puede amar todavía más» (EP 81).

Como Jesús, sor Isabel es una buena intercesora. Ella lleva a las personas hasta él y al mismo tiempo acerca a Dios a tanta gente que tenía necesidad de él. A la condesa de Sourdon le habla en un tono que nos recuerda a las palabras de los profetas. Por un lado, le comunica un mensaje de parte de Dios, y por otro defiende su causa: «Querida señora, ¿permite a esta pequeña carmelita, que la ama tanto, comunicarle algo en nombre de él? Le transmito las palabras que el divino Maestro dirigió a santa Catalina de Siena: "Piensa en mí y yo pensaré en ti"» (EP 114). Y en esa misma carta, un poco más adelante, le dice: «Ya que me considera buen abogado ante la corte del rey, le suplico que me confíe sus intranquilidades. Puede adivinar con qué interés defenderé su causa. Cuando mi mamá me comunicaba todas sus inquietudes por mi Guite[4], le decía que no se preocupara, pues yo me encargaba de ello. Ya ve cómo el Señor me atendió. ¿Quiere que haga la misma súplica? Me ha respondido *afirmativamente*, ¿verdad?» (EP 114).

---

[4] Su hermana menor, Marguerite, apodada familiarmente Guite.

A la madre Germaine de Jésus, sor Isabel le da la categoría de sacerdote, ya que la considera mediadora entre ella y Dios. Ella ha recibido sus votos religiosos, ha sentido su cercanía en los momentos de sufrimiento y de crisis: «Madre querida, sacerdote amado, su pequeña Alabanza de gloria no puede dormir. Sufre; su alma, aunque angustiada, permanece en tanta paz...» (ME 23); «Mi sacerdote amado, ignoro lo que sucede [...]. El sumo sacerdote consagrará en la misa a su sacerdote y a sus dos hostias. Será la posesión plena del Amor» (ME 24).

2.2. Un sacerdote de un orden nuevo, «en la línea de Melquisedec» (cf. Heb 7,1-28)

Hemos visto que Jesús es mediador; veremos también que posee un sacerdocio nuevo. Sor Isabel, en una carta que escribe al seminarista André Chevignard, le dice: «Como aquel pontífice *sin padre, ni madre, sin ascendencia, no teniendo principio de sus días, ni fin de su vida, hecho semejante al Hijo de Dios*, de quien habla san Pablo en su epístola a los Hebreos (cf. Heb 7,3), usted llegará a ser también, por la unción sagrada, una persona que ya no pertenece a la tierra, un mediador entre Dios y las almas» (EP 211).

Apoyándose en la figura de Melquisedec, describe el autor el sacerdocio de Cristo, que es distinto al sacerdocio levítico representado por Aarón. No es un sacerdocio de origen humano y sujeto a la muerte sino un sacerdocio de origen divino y no caduco, no mortal, como corresponde al Hijo eterno de Dios. Se trata de un sacerdocio perfecto, consumado, definitivo, que inutiliza, y por lo mismo suprime, el sacerdocio levítico. El autor de la carta afirma que cuando el salmo 110 proclama un sacerdocio a semejanza de Melquisedec, es porque reconoce que aquella consagración del sacerdocio de Aarón y los levitas no era una auténtica consagración, una consagración transformante. No era una *consumación* ni llevaba a la *perfección* del sacerdocio, no transformaba íntima y plenamente al sacerdote y, por consiguiente, no lo capacitaba para el acceso a Dios. Eran ritos externos, carnales, que no afectaban al ser del hombre, que en su propia entraña seguía siendo un pecador, y eran, por lo mismo, inútiles.

Se necesitaba una consagración-consumación-perfección de otro orden, no ritual, sino existencial, por la cual la condición carnal, terrena, humana, del sacerdote quedara transformada en una condición existencial divina, celeste, asegurando así el acceso a Dios.

2.3. *Un sacerdote consumado-perfeccionado mediante la ofrenda de sí mismo*

Hebreos destaca la contraposición entre el nuevo culto y el antiguo, al que califica de inútil e ineficaz. En realidad, este viejo culto es símbolo de todo falso intento de salvar al hombre, ya que solo por la sangre de Cristo puede el hombre purificar su corazón y vivir su conversión interior y su comunión con Dios. Los sacrificios que se ofrecen no llegan al cielo, no procuran el verdadero acceso a Dios, no establecen auténtica comunión con él. Afectan únicamente al exterior de la persona. ¿Qué relación puede haber entre la sangre de una bestia inmolada y la conciencia de un hombre? ¿Qué posibilidad de comunión personal hay entre un animal muerto y el Dios viviente? Las antiguas ofrendas rituales carecían de valor, porque eran incapaces de perfeccionar en su conciencia al adorador. Por eso se hacen del todo necesarios un nuevo culto y una nueva alianza. Ya Jeremías proclamaba esta necesidad.

La ofrenda sacrificial se concebía como un medio de agradar a Dios y de atraer sus favores: de alguna manera se intenta que Dios cambie de actitud para con nosotros. El autor nos invita a tomar la perspectiva contraria, demostrando que el efecto del sacrificio tiene que ser transformar al oferente, no a aquel a quien se hace la ofrenda.

En Heb 5,1-10 tenemos los rasgos del sacerdocio israelita. A partir del versículo quinto, lo que hace es aplicarlo a Cristo. De hecho, ese versículo comienza de esta forma: «Así también Cristo...».

Uno de los rasgos del sacerdocio israelita es el de ofrecer oblaciones y sacrificios. ¿Cuál es el sacrificio, la ofrenda que hace este sacerdote que es Cristo? El autor nos da la pista al decirnos: «El mismo Cristo, en los días de su vida mortal, presentó oraciones y suplicas con grandes gritos y lágrimas a aquel que podía salvarlo de la muerte» (Heb 5,7). Jesús presenta al Padre una oración intensa, llena de confianza. El Padre acepta la reverencia de Jesús, su obediencia. La ofrenda de Jesús, su sacrificio, consiste en poner su vida entera en manos del Padre; no es algo ajeno a él mismo. Lo que Jesús ofrece es su obediencia, una obediencia que implica sufrimiento, que supone morir a su propia voluntad para ajustarla a la del Padre: «Tú no quieres sacrificios ni ofrendas, pero me has formado un cuerpo» (Heb 10,5), que es una manera de decir que el verdadero sacrificio, la auténtica ofrenda, está en la entrega del propio cuerpo, de la propia vida.

Por tanto, el cuerpo de Jesús es el altar donde se presenta la ofrenda. La humanidad de Jesús es el templo en el que él ofrece su sacrificio. Pero el autor no quiere dejar de lado ningún detalle, y así dice que también en el caso de Jesús ha habido sangre, pero no sangre de machos cabríos ni sangre de toros, sino su propia sangre, que ha resultado ser una sangre purificadora. Tenemos, pues, un sumo sacerdote que es Jesucristo; la ofrenda del sacrificio que él hace es su propia existencia. Él mismo es la víctima, y el altar en el que ofrece el sacrificio es su cuerpo.

El orante es llevado a transformarse interiormente por la firme adhesión a la voluntad de Dios. Orar así le cuesta lágrimas. Pero esa adhesión es la que prevalece, gracias a la oración. Y de ese modo, la súplica dramática de Jesús es escuchada, produciendo no un milagro esplendoroso («bajarlo de la cruz», como pretendían los que se burlaban de él), no el ahorrarle la muerte (como seguramente él mismo esperaba), sino su propia transformación, mediante la misma muerte, de manera que en ella y por ella Jesús queda renovado, adherido, unido siempre a Dios. Escuchemos a sor Isabel: «En primer lugar, ¿qué dijo al entrar en el mundo? "No has querido sacrificio ni ofrenda, sino que me has hecho un cuerpo [...]. Aquí estoy, Señor, para hacer tu voluntad". Esta voluntad fue de tal modo su pan de cada día durante sus treinta y tres años que, al entregar su Espíritu en las manos del Padre, pudo exclamar: "Todo está cumplido"» (CT, 149).

De la oración sale Jesús renovado, convertido en un hombre nuevo, plenamente obediente, realizando así la imagen del ser humano original pretendida por Dios en la creación. De esta manera, Jesús, en la oración y por la oración que acompaña su vida entera, y especialmente todo el proceso de su pasión y muerte, convierte toda su vida, todo su ser, en ofrenda, en un auténtico y perfecto sacrificio. Esa es su personal consagración, su perfeccionamiento, su consumación sacerdotal.

En todo ese proceso, además, Jesús mantiene su solidaridad con las flaquezas de los hombres, su amor a ellos, sin rechazarlos nunca, sin condenarlos, sin dimitir de su condición de hermano de todos. De esta forma, desde su misma experiencia, se ha hecho permanentemente capaz de compadecerse de la situación y miseria del ser humano, y de aportarle la ayuda necesaria en cada circunstancia concreta. Con todo ello, el autor ve realizado en Cristo un nuevo tipo de sacerdocio: un sacerdote eficaz, que proporciona la salvación a cuantos a él se adhieran, llevándolos plenamente hasta Dios.

También sor Isabel es llevada mediante la oración a una transformación existencial, a una unión íntima con él, aceptando siempre su voluntad: «La oración seguía siendo el mejor remedio para todos mis males. Pasaba el tiempo del silencio riguroso en verdadera agonía, que procuraba unir a la que padeció mi divino Maestro, permaneciendo junto a él cerca de la reja del coro» (PL 734). Y un día que se encontraba en la tribuna de la enfermería, ante la llamada de la madre Germaine, respondió: «He venido a refugiarme en la oración de mi Maestro, pues necesitaba su fuerza divina. ¡Sufro tanto!» (PL 736). Su ideal, claro está, era transformarse en Cristo crucificado: «Ya no pretendo solamente ir al cielo pura como un ángel, quiero ir también transformada en Jesús crucificado» (*ibidem*).

Si Jesús, al entrar en el mundo, dijo: «Aquí vengo, oh Dios, para hacer tu voluntad», Isábel, cuando entra en el Carmelo de Dijon, el 2 de agosto de 1901, a la pregunta de «qué nombre quisiera tener en el cielo», responde:

«Voluntad de Dios». El cumplir su voluntad, el responder a la llamada, es lo que había guiado su vida, y es lo que la llevó al Carmelo. Dos horas antes de entrar en el convento, escribía al canónigo Angles: «Comprendo que soy totalmente suya, que no me quedo con nada. Me arrojo en sus brazos como un niño» (EP 75).

Como en el caso de Jesús, su ofrenda es poner su propia vida en manos de Dios desde el principio. Su ofrenda no son cosas ajenas a sí misma. Lo que Isabel ofrece es su obediencia, una obediencia que conlleva sufrimiento, porque, como en el caso de Jesús, supone morir a su propia voluntad para ajustarla a la voluntad del Padre. Dice así: «Ser alabanza de gloria exige estar muerta a cuanto no sea él para vibrar solo a impulsos de su toque divino» (EP 232).

Ella, al modo de Cristo, ha ofrecido un único sacrificio. Ha ofrecido su propia vida, y esto desde el principio. No solamente en el momento de su profesión, o cuando ya veía su muerte inminente, sino desde que tuvo uso de razón, y esto lo podemos ver claramente en sus escritos: «Mamá querida, si amo un poco a Dios, es porque tú orientaste el corazón de tu hijita hacia él» (EP 156); «Ese día en que Jesús de mí hizo su morada y Dios tomó de mi alma posesión. Tanto es así que, desde aquella hora, después de aquel coloquio misterioso, tan feliz y divino, solo pensé ofrecer toda mi vida y devolver un poco de su amor al esposo divino del sagrario» (CP 47); «Iba a cumplir catorce años cuando un día, durante la acción de gracias, me sentí impulsada irresistiblemente a elegirle por mi único esposo. Sin más dilaciones, me uní a él con el voto de virginidad. Nada nos dijimos. Pero nos entregamos recíprocamente con un amor tan intenso que la determinación de consagrarme a él fue en mí más definitiva» (PL, 718); «Jesús mío, ¡qué anhelos de ti siento! ¡Cuánto me alegra ser pronto tu esposa! Quiero por ti sufrir y, por verte, morir» (CP 4).

La ley antigua, que mandaba repetir los sacrificios, estaba así dando testimonio de su ineficacia. No se repite lo que es eficaz. Además, lo que es exterior a la persona no sirve para purificar el corazón ni el interior.

Isabel, ofreciéndose a sí misma, es purificada interiormente. Ha vivido en plenitud la nueva alianza, ha descubierto la ineficacia de un culto que no transforma de raíz. Se ha fijado en el camino que ha hecho Cristo de entrega total desde el principio. Es verdad que ella ha tenido conciencia de esa entrega desde muy pronto, pero también para ella marca un hito digno de mención el día de su profesión, en el que se consagra definitivamente: «El día de la Epifanía me hará su reina y pronunciaré los votos que me unirán a él para siempre» (EP 130).

Ella se da cuenta de que está ante un misterio inefable, que apenas si tiene palabras para poder verbalizar: «Me gustaría hablaros de mi profesión. Pero, mirad, es algo tan *divino* que no hay palabras para poderlo expresar. He pasado ya en mi vida días encantadores. Pero no me atrevo a compararlos con aquel. Es un día único. Creo que, si me encontrara ante el Señor, no sentiría una emoción tan grande como lo que he experimentado. Es algo maravilloso lo que pasa en esos momentos entre Dios y el alma» (EP 134).

Para Isabel, el día de su profesión significó un punto de llegada y un punto de partida. Se han cumplido todos sus deseos, todos sus anhelos; ha llegado a la meta deseada, convirtiéndose en posesión de Cristo. De aquí en adelante se tendrá que comportar como una verdadera esposa. Así lo expresa en varias de sus cartas: «La profesión es un día sin ocaso. Me parece como la aurora de un día que nunca terminará» (*ibidem*); «Ahora ya solo me queda un deseo por cumplir: amarle, amarle siempre; celar su honor como una verdadera esposa, ser su felicidad» (EP 136); «La Iglesia me ha dirigido el *Veni, sponsa Christi* y me ha consagrado al Señor. Ahora, todo se ha *consumado*» (EP 147).

También ella como él, en la hora del supremo dolor, ha orado. Ha presentado oraciones y súplicas con grandes gritos y lágrimas a aquel que podía salvarla de la muerte. A la madre Germaine le escribe esta misiva: «Mi sacerdote amado, su pequeña hostia sufre muchísimo, muchísimo. Es una especie de agonía física. Se siente tan extenuada que quisiera gritar» (ME 25). Y también, como en el caso de Jesús, fue escuchada, no de la forma que nosotros esperaríamos o desearíamos –salvándola de la muerte– sino, como Jesús, mediante la transformación de su vida en Dios, dando a sus dolores una dimensión redentora: «Sí, soy feliz porque el Señor me ha asociado a su obra de redención. Mis sufrimientos son como una prolongación de su pasión. Lo que deseo es conocerle, la comunión con sus sufrimientos y la semejanza con su muerte» (PL 736); «Una noche mis dolores eran tan intensos que me sentí dominada por la naturaleza. Intensifiqué entonces mi fe y me dije: "Una carmelita no debe sufrir de este modo". Después, contemplando a Jesús agonizante, le ofrecí mis sufrimientos para consolarle y me sentí fortalecida. Es así como he obrado siempre en mi vida. A cada prueba, por grande o pequeña que fuese, consideraba los dolores semejantes que el Señor había sufrido, para sumergir mis sufrimientos en los suyos y a mí misma en él» (PL 743).

Pero podemos ver que también ella, al orar, al aceptar la voluntad de Dios, al adherirse íntimamente a él, sale fortalecida, convertida en una mujer nueva, dispuesta a aceptar que se cumpla plenamente el designio de Dios sobre ella: «Él quiere asociar a su esposa a su obra de redención. Este camino doloroso se presenta al alma que lo recorre como si fuese la ruta de la felicidad, no solo porque a ella conduce sino también porque el divino Maestro le hace comprender que debe superar la amargura del sufrimiento para encontrar, como él, su descanso en el dolor» (UE 170).

3. La condición-situación y la existencia-vida de los cristianos

El autor de la carta hará después la aplicación a la vida cristiana. El camino ha sido abierto por el sacerdote perfecto. Se ha establecido el puente: es posible, por tanto, entrar en contacto con Dios. Tengamos confianza, mantengamos la esperanza y caminemos alegres. Cuando llegue el río, no tengamos miedo, porque tenemos el puente y al otro lado está Jesús, como sumo sacerdote en la casa del Padre.

Este acceso se consigue, también para nosotros, no mediante ofrendas de nuevos sacrificios sino mediante la fe, la adhesión plena a Jesús. Hebreos nos invita igualmente, aunque de forma más implícita, a que cada uno de nosotros, como Jesucristo, presente al Padre la ofrenda de su propia vida. Tenemos que repetir: «Tú no quieres sacrificios ni ofrendas», pero, Señor, «aquí estoy para hacer tu voluntad». Es decir, la vida cristiana, en definitiva, es, como en el caso de Jesús, ofrecer al Padre el obsequio de nuestra obediencia: «Aquí estoy para hacer tu voluntad». Al final su cuerpo, toda su persona, se ha convertido en tienda, en altar en el que se han encontrado Dios y el hombre. El cambio de situación operado lo proclama el autor afirmando que tenemos derecho a entrar en el santuario.

3.1. *«Tenemos pleno derecho a entrar en el santuario» (Heb 10,19)*

Ha caído el muro que impedía el acceso real al trono de Dios, se ha roto el velo que dificultaba la visión, tenemos camino abierto hasta él. Las separaciones han sido superadas y se ha llegado a la comunión más plena. Así lo afirma sor Isabel: «En él no existen distancias ni separaciones» (EP 128).

Quizá al llegar a este punto podemos decir como nuestro predicador: «Esto es lo más importante de lo que venimos diciendo: que tenemos un sumo sacerdote que está sentado en los cielos a la derecha del trono de Dios, como ministro del santuario y de la verdadera tienda de la presencia erigida por el Señor, y no por el hombre» (Heb 8,1s). Y esto, que es lo más importante, conecta perfectamente con la doctrina de Isabel de la Trinidad. Ella se ha descubierto habitada, casa de Dios. En sus *Últimos Ejercicios* nos dice: «Como el pájaro halla su casa donde recogerse y la golondrina un nido donde poner sus polluelos, así Laudem Gloriae[5], mientras espera su tránsito a la Jerusalén santa, ha encontrado su

---

[5] Laudem Gloriae («alabanza de gloria») es el nuevo nombre, de raigambre paulina, que hizo suyo sor Isabel y con el que firmó algunas de sus últimas cartas.

retiro, su felicidad, su cielo anticipado donde comienza a vivir su vida eterna [...]. Este es el misterio que canta hoy mi lira. El Señor me ha dicho como a Zaqueo: "Baja pronto, porque hoy me hospedaré en tu casa" (Lc 19,5). Baja pronto. Pero ¿a dónde? A lo más profundo de mi ser, después de haberme desprendido de mí misma, separado de mí misma, despojado de mí misma» (UE 191-192).

¡Atención! Pisamos terreno sagrado, estamos llegando a la morada principal de ese castillo de cristal que, como bien dice Teresa de Jesús, somos nosotros.

El acceso no es a un santuario terreno, hecho por manos humanas, símbolo más o menos adecuado, pero siempre lejano, de la morada real de Dios, ni a un lugar tenebroso, terrible, como el Sinaí: «No os habéis acercado a algo tangible, ni a un fuego ardiente, ni a la oscura nube, ni a las tinieblas, ni a la tempestad [...]. Os habéis acercado a Jesús, el mediador de la nueva alianza, que nos ha rociado con una sangre que habla más elocuentemente que la de Abel» (Heb 12,18.24).

El acceso es al mismo Jesús y con él desaparecen las nubes oscuras, las tinieblas, las tempestades, y aparece la luz, el sol. De esto sor Isabel nos da testimonio: «Quiero comunicarte mi secreto: *esta intimidad con él en el santuario de mi corazón* ha sido el hermoso sol que ha iluminado mi vida convirtiéndola en un cielo anticipado» (EP 282). Y exclama exultante: «*Dios en mí y yo en él*. He ahí nuestro lema. ¡Qué agradable es esta presencia divina dentro de nosotros, en ese santuario íntimo de nuestras almas! Allí lo encontramos siempre, aunque no disfrutemos de su presencia sensible. Es allí donde me gusta buscarlo» (EP 47).

De joven le encantaban las excursiones, los viajes, las montañas, el horizonte. Una prueba de ello lo tenemos en uno de los escritos que nos ha dejado: las *Excursiones al Jura*. Dice así: «Al fin logramos alcanzar la cumbre, donde nos sentimos generosamente recompensados con unas vistas admirables. Visitamos las ruinas de viejos castillos. Luego subimos al observatorio, desde donde se divisa un paisaje aún más encantador» (Exc 110).

Pero la más profunda excursión que ha hecho a lo largo de su vida ha sido el gran viaje al fondo de ella misma, a su morada interior, y allí se ha dado el gran encuentro con Dios. Así se lo confía a su hermana Marguerite: «¡Ah! Si se pudiese descorrer la cortina, ¡qué hermoso horizonte se descubriría al otro lado! Es el Infinito. Por eso, ese horizonte se ensancha cada día más [...]. ¡Si vieras qué hermoso es este Carmelo, este vivir a solas con aquel a quien se ama!» (EP 102). En él ha gastado toda su energía: «La vida de una carmelita es una comunión ininterrumpida con Dios desde la mañana hasta la noche y desde la noche hasta la mañana. Si él no llenase nuestras celdas y nuestros claustros, ¡qué vacíos estarían! Pero es a él a quien vemos en todas las cosas, pues lo llevamos dentro de nosotras mismas. Nuestra vida viene a ser un cielo anticipado» (EP 189).

Pienso que este adentrarse en ella misma es lo que la ha curado y ha sanado todos sus vacíos, su difícil forma de ser, los pequeños o grandes sacrificios que hizo al entrar en el Carmelo. De ello tenemos constancia en varias cartas. A la señorita Françoise de Sourdon le dice: «Te confieso que mi alma siente una alegría íntima y profunda cuando pienso que Dios me ha elegido para asociarme a la pasión de su Cristo. Este camino del Calvario que voy subiendo fatigosamente, día a día, me parece, cada vez más, la ruta de la felicidad» (EP 276). Y a la señora

Angles: «Quién pudiera manifestar la alegría que sintió mi alma cuando, al contemplar el crucifijo que recibí después de mi profesión y que nuestra reverenda madre colocó *como un sello sobre mi corazón*, pude exclamar: "*¡Al fin es totalmente mío y yo soy completamente suya! Es lo único que tengo. ¡Él lo es todo para mí!*". Ahora ya solo me queda un deseo por cumplir: ¡amarlo, amarlo *siempre*; hacerlo feliz construyéndole una morada, un refugio en mi alma!» (EP 136)[6].

Muchas veces y de muchas maneras Isabel nos invita a esta gran experiencia. Al seminarista André Chevignard le dice: «Hagámosle en nuestra alma una morada tranquila, donde cante siempre el cántico de amor y de acción de gracias. Luego, permanezcamos en silencio profundo, eco del silencio que existe en Dios» (EP 143).

Ella nos está invitando, de la mano de Jesús, nuestro sumo sacerdote, a adentrarnos en nuestro santuario interior, a descubrir la belleza que habita en nosotros. La grandeza del mensaje de Isabel es que nos está diciendo a grandes gritos que esta experiencia fascinante no es para una élite, no es para unos pocos. Es para todo bautizado: «Esta mejor parte, que parece ser un privilegio que se me

---

[6] «La verdadera curación del hombre acontece cuando entra en contacto con su patria interior, con el santuario interior, del que habla la carta a los Hebreos. Ahí donde Dios mora en mí, ahí estoy sano y entero. La experiencia de Dios en el espacio interior del silencio me libera del poder de los hombres, del poder de sus expectativas, de sus juicios. Ahí no tienen ningún acceso mis propias emociones, mis miedos y tristezas. Ahí donde todo es silencioso, soy completamente yo mismo. Ahí entro en contacto con mi verdadero *sí-mismo*» (A. GRÜN, «Mística y psicología»: *Revista de Espiritualidad* 63 [2004], 111-122; la cita en la página 116).

ha otorgado en mi queridísima soledad del Carmelo, el Señor se la da a todos los bautizados» (EP 114).

No está mal que de vez en cuando surja alguien que, como hacían los profetas, nos recuerde algo que ya sabemos, pero que quizá tenemos adormecido. Dice santa Teresa: «¿No sería gran ignorancia, hijas mías, que preguntasen a uno quién es y no se conociese ni supiese quién fue su padre ni su madre ni de qué tierra? Pues si esto sería gran bestialidad, sin comparación es mayor la que hay en nosotras cuando no procuramos saber qué cosa somos, y así a bulto, porque lo hemos oído y porque nos lo dice la fe, sabemos que tenemos almas; mas qué bienes puede haber en esta alma, o quién está dentro de esta alma, o el gran valor de ella, pocas veces lo consideramos»[7]. Así es un cristiano que no ha experimentado a Dios dentro de sí. Aquí no vale la teoría. No vale que sepa mucho intelectualmente, que haya recorrido todas las cátedras de teología del mundo. Se necesita experimentarlo, y a eso estamos llamados: «He hallado mi cielo en la tierra, pues el cielo es Dios y Dios está en mi alma. El día que comprendí esta verdad todo se iluminó en mí. Quisiera revelar este secreto a todas las personas a quienes amo para que ellas se unan siempre a Dios a través de todas las cosas» (EP 110)[8].

---

[7]   Santa Teresa de Jesús, *Castillo interior*, capítulo 1 (1 M 1,2), en la edición de las *Obras completas* de Editorial de Espiritualidad, Madrid 2000.

[8]   «La Iglesia pide clamorosamente una pastoral que surja de una fe confesante y de una experiencia viva de Dios. Aquí tiene un papel irreemplazable la carmelita de Dijon. La actividad evangelizadora de la comunidad eclesial no es la venta de un producto sino el contagio de un fuego que ha quemado al apóstol. Cuando se ha hecho la experiencia de la cercanía de Dios, este Dios lleva irre-

Muchas veces, por ignorancia, vivimos equivocados; buscamos la paz, la felicidad y el descanso donde no están. Y así nos inquietamos, corremos de acá para allá, viajamos, subimos, bajamos, nos cansamos. Isabel, como el autor de la carta a los Hebreos, nos dice que el que entre en el descanso de Dios descansará también de sus trabajos, como Dios descansa de los suyos. Apresurémonos, por tanto, a entrar en ese descanso, ya que tenemos entrada en el santuario, gracias a Jesús, que nos ha inaugurado un nuevo camino. Ya que tenemos este gran sacerdote de la casa de Dios, acerquémonos con corazón sincero, con una fe plena, a él.

La madre Marie de Jésus, priora de Paray-le-Monial, nos deja este testimonio sobre Isabel: «Esta hermanita es una verdadera santa. Habla de su próxima muerte con una sencillez admirable, con serenidad y con una alegre paz. Vive en la espera del Señor en un estado de abandono y de amor. Es un alma que ha entrado ya en el descanso eterno»[9].

3.2. *Nuestra respuesta es la fe*

Pero hay que decir que no son nuestros méritos ni nuestros esfuerzos los que nos procuran este acceso al santuario. Es él, el sumo sacerdote, quien nos dirige y santifica. La condición fundamental, la única que nos exige, es la

---

sistiblemente a los hombres para comunicarles la alegre noticia de su amor desbordante» (L. DEL BURGO, «Una experiencia bautismal singular: Isabel de la Trinidad»: *Revista de Espiritualidad* 46 [1987], 407-426; la cita en la página 421).

[9] El testimonio se encuentra recogido en la nota a EP 272.

fe: «Acerquémonos a él plenamente llevados por la fe» (Heb 10,22); «Puesto que tenemos un sacerdote extraordinario [sumo] que se ha abierto paso hasta el último de los cielos, Jesús, el Hijo de Dios, aferrémonos a la fe que profesamos» (Heb 4,14).

La fe es el verdadero y definitivo punto de apoyo de un cristiano, lo mismo que lo fue para una larga serie de personajes del Antiguo Testamento, y de forma especialísima para Abrahán, padre y prototipo de todo creyente. Parafraseando la carta a los Hebreos, podríamos decir que por la fe Isabel, obediente a la llamada, fue capaz de seguir su vocación: «La llamada de Dios es cada vez más apremiante. Si él quiere que ingrese antes en el Carmelo, ya sabrá arreglar las cosas» (PL 721). Por la fe abandonó a su madre y a su hermana, que eran lo que más quería en este mundo: «Ya solo me queda un mes, querido señor. Estos últimos momentos son una agonía. ¡Pobre mamá!» (EP 55). Por la fe fue capaz de aceptar la enfermedad, incluso la muerte: «Siento que la muerte va destruyendo mi vida. Esto resulta doloroso para la naturaleza humana. Te garantizo que, si no procurase elevarme sobre ella, solo sentiría mi debilidad ante el sufrimiento [...], pero abro inmediatamente los ojos de mi alma a la luz de la fe y esta fe me dice que es el Amor quien me destruye, quien me consume lentamente. Por eso mi alegría es inmensa y me entrego a él como una víctima» (EP 276).

Cuatro meses antes de morir, en mayo de 1906, subrayaría que ese era realmente su estilo de vivir. Así se lo manifiesta a la madre Jeanne du Saint-Sacrement: «Mientras tanto, vivo en el cielo de la fe, en el centro de mi alma, y procuro complacer al Señor, siendo ya en la tierra la *alabanza de su gloria*» (EP 246). Y en *Cielo en la tie-*

rra, comienza el día sexto poniendo una cita de Hebreos: «El que se acerque a Dios tiene que creer» (Heb 11,6). Seguidamente comenta: «Es san Pablo quien así se expresa. También dice: "La fe es la garantía de lo que se espera, la prueba de cosas que no se ve" (Heb 11,1)» (CT 142).

Su *Cielo en la tierra* es el cielo en la fe. Cuando el 10 de enero de 1903 se preparaba en el coro a medianoche para la entrada final en la profesión, nos dice: «Comprendí que mi cielo comenzaba en la tierra, el cielo de la fe, unido al sufrimiento y a la inmolación por aquel a quien amo» (EP 147). Esto sor Isabel lo ha experimentado en su propia carne: «Una alabanza de gloria es un alma que contempla permanentemente a Dios en la fe» (CT 157).

Decía que la fe es el verdadero y definitivo punto de apoyo de un cristiano, donde realmente nos tenemos que basar. Isaías no se cansa de repetir: «Si no creéis, no subsistiréis» (Is 7,9). Que es como decir: si no os apoyáis, nunca vais a experimentar que sois sostenidos. Quizá sea esto lo más difícil para nosotros, porque nuestra sociedad más bien nos invita a utilizar la lógica, los razonamientos. Vale aquello que se puede constatar, verificar, utilizar... ¿No sentimos a veces una voz en nuestro interior que nos dice: «Ten cuidado, sé prudente, piénsalo bien, no es el momento»?

Nos encontramos junto a un río, tenemos que pasar a la otra orilla; debajo hay una gran roca, que es nuestro sumo sacerdote: Jesús, el mediador entre Dios y los hombres. Pero esa roca no se ve, lo que se ve es el agua. Sabemos que al pisar no nos vamos a hundir, que al otro lado nos están esperando. Y ¿qué nos pasa muchas veces? Que no lo terminamos de creer. ¿Y si luego no hay nada?

Pues aquí se da la paradoja de que quien no se lanza a dar el paso es quien realmente se hunde en su propio vacío.

Si, en lugar de lanzarse, Isabel hubiera razonado, probablemente no habría dado el paso. Recordemos lo que dice la Escritura de nuestro padre Abrahán: «Por la fe, Abrahán, obediente a la llamada divina, salió hacia una tierra que iba a recibir en posesión, y salió sin saber a dónde iba» (Heb 11,8). Ella, siguiendo sus pasos en todo momento, trató de escuchar la voz de Dios. Así se lo comunica a su madre: «¡Oh, mamá querida! ¿Puedo resistir a la voz de Dios que me llama? [...] Necesito marcharme, a pesar del disgusto que siento abandonándoos y dejándoos sumergidas en el dolor. Tengo que responder a su llamada» (PL 721). Es aquello de: «Si escucháis hoy su voz, no endurezcáis vuestros corazones» (Heb 3,15).

Comenzaba diciendo que en la carta a los Hebreos y en sor Isabel hay una serie de palabras que son intercambiables. En una lectura superficial podría parecer, en el caso de sor Isabel, que esa serie de palabras corresponden más bien al antiguo culto. Es cierto que su forma de expresarse puede herir en algunos momentos nuestra sensibilidad actual. Hay que tener en cuenta que la época en que ella vive está influenciada todavía por el jansenismo. En aquel contexto se ponía el acento en la justicia de Dios, un Dios vengador, cuya cólera tenía que ser aplacada, y esto se hacía mediante el sufrimiento, que se ofrecía en expiación necesaria por los pecados propios y ajenos. Toda esa mentalidad es la de la época, e Isabel es deudora de ella. Esto donde mejor se ve es en su diario espiritual.

Sin embargo, ella es capaz de traspasar esa barrera. Para ella el sufrimiento no es un valor en sí mismo. Si tiene algún valor, es porque nos identifica con Cristo, es por ese deseo de identificarse con él. En una carta a su madre, Marie Rolland, le dice: «No puedo decir que ame el sufrimiento por el sufrimiento. Lo amo porque me hace semejante a mi Esposo y a mi Amor» (EP 284). Isabel nos está hablando de una nueva alianza, de un nuevo culto, pues siempre aparece la entrega, la luz; en definitiva, Cristo, que es el centro, no los ritos, las normas ni lo exterior:

> «La carmelita es alma que se entrega,
> es alma que se inmola por su Dios,
> vive crucificada con su Cristo,
> pero ¡qué luminoso es su calvario!»

> (CP 82).

3.3. *El verdadero culto*

Nuestro autor, al final de su sermón, nos da una definición del culto cristiano en estos términos: «Así pues, ofrezcamos a Dios sin cesar por medio de él un sacrificio de alabanza, es decir, el fruto de los labios que confiesan su nombre. No os olvidéis de hacer el bien y de ayudaros mutuamente, porque en tales sacrificios se complace Dios» (Heb 13,15s). Este es el auténtico culto de los cristianos, culto que procede de la fe y que se identifica con la caridad verdadera. Por medio de Cristo, podemos y debemos constantemente ofrecer un sacrificio de alabanza, el sacrificio que consiste en alabar a Dios. Uniendo la propia existencia al sacrificio-ofrenda personal de Cristo, la hacemos subir hasta Dios. La misma experiencia se convierte así en aplauso, en alabanza. La alabanza consiste básicamente en unirse a Cristo en su proclamación del nombre de Dios a los hombres, en reconocer ese nombre como el único nombre sublime, declararse de acuerdo con él, adherirse a él, confesarlo.

El servicio a los hermanos es otra vertiente del culto cristiano. Consiste en hacer el bien y en la solidaridad concreta con los necesitados. Esto es también sacrificio que Dios acepta, en el que se complace. A este respecto, tenemos en sor Isabel un auténtico modelo. A ella le brota la alabanza a raudales por todo el ser y practica la caridad hasta el extremo.

Precisamente descubrió de manera fortuita, en una conversación con otra monja, esta expresión: *alabanza de su gloria*. Esa va a ser su vocación personal, aquí y en la eternidad. El nombre nuevo designado para ella en los cielos nuevos iba a ser Laudem Gloriae. El 21 de noviembre de 1904, sor Isabel compuso su *Elevación a la Santísima Trinidad*. Esta oración revela toda su espiritualidad trinitaria. Su nombre carismático de *Alabanza de gloria* de la Trinidad indica un modo concreto de vivir el misterio trinitario en la existencia cristiana, porque ese nombre expresa la historia de la transformación espiritual que Dios Trinidad ha realizado en sor Isabel y la historia de respuesta de amor que ella ha dado a la Trinidad.

Pero Isabel no se acerca a la Trinidad santa sino a través de su adorador supremo, el hombre-Dios, Jesucristo, en quien ella desea transformarse. Sabe que únicamente él ha sido constituido, por su encarnación, el perfecto y universal adorador de Dios; sabe que ella no puede asegurar bien su función de adoradora mientras no se identifique con el sumo sacerdote del cielo y de la tierra, haciéndose una sola cosa con la hostia de alabanza que es él: «El divino adorador mora en nosotras. Su oración es también nuestra. Ofrezcámosela. Vivamos en comunión con ella. Oremos con su alma» (EP 157). A Isabel le atraía enormemente esta faceta de Cristo en su sacerdocio y en su relación con el Padre. En esta oración a la Trinidad pide a Cristo que venga a su alma como adorador. Se siente una prolongación del ministerio de Cristo en su perfecta adoración y glorificación del Padre, un suplemento de su humanidad.

Y en la otra vertiente del culto cristiano, en la caridad, también tenemos en Isabel un ejemplo. El testimonio de una de sus amigas nos dice: «Nunca la oí murmurar de nadie, como tampoco hablar bien de persona alguna faltando a la verdad. Sabía realzar lo bueno de cada cual sin negar por eso los defectos: su caridad y su tacto corrían parejas, del mismo modo que su indulgencia no era obstáculo a su entereza cuando llegaba la ocasión»[10].

3.4. *Fijos los ojos en Jesús*

Para concluir, podemos señalar que una enseñanza especialmente interesante de la carta a los Hebreos es presentar la vida cristiana en clave de *peregrinación*: el cristiano es una persona que sabe que «no tenemos aquí una ciudad permanente, sino que buscamos la futura» (Heb 13,14). Por eso precisamente, tiene que enfocar su existencia, valorar las personas, las cosas y los acontecimientos, jerarquizar y priorizar sus preferencias, empeñarse en la construcción de este mundo (del que no puede huir), desde la viva conciencia de ser un peregrino en la fe y en

---

[10] GERMAINE DE JÉSUS, *Isabel de la Trinidad. Recuerdos*, Editorial de Espiritualidad, Madrid 1985.

la esperanza: «En esta última hora de mi destierro, en este hermoso atardecer de mi vida, ¡qué serias me parecen todas las cosas contempladas a la luz de la eternidad! Quisiera que me escucharan todas las almas para decirles la vanidad, la nada de todo cuanto pasa si no ha sido realizado por Dios» (EP 298)[11].

A su hermana Marguerite le decía: «Deseo elevarte por encima de lo transitorio, hasta el seno del Amor infinito. Esta es la patria de las dos hermanitas. Allí volveremos a encontrarnos para siempre» (EP 264). Y a su madre: «¡Oh, mamá querida! Contemplemos el cielo. El alma se serena al considerar que es la casa del Padre, que nos esperan allí como se espera a los hijos queridos que retornan al hogar después de una temporada de destierro, y que Dios mismo se hace nuestro compañero de viaje para conducirnos hasta él» (EP 260).

Es difícil el camino por recorrer. Se conoce, es cierto, la meta, pero no existe un mapa detallado de la ruta que es preciso seguir. Hay que estudiar cuidadosamente todos los indicadores del camino –los signos de los tiempos– y tomar en cada caso la decisión oportuna; hay que detenerse en cada encrucijada, sopesar con cautela las diversas opciones que se ofrecen y, una vez decididos, seguir adelante con energía y con valor. Es un peregrinar a pie, en perpetua lucha con la aspereza del camino y con obstáculos de todo tipo que nadie va a tomarse la molestia de apartar. Nuestro autor nos tiende una mano, viene en nuestra ayuda y nos dice que para vencer todos

---

[11] «Dejémonos poseer y arrebatar totalmente. Abandonemos la tierra para vivir con él en las regiones infinitas donde el corazón se pierde y se dilata» (EP 52).

los obstáculos que aparecen en nuestro camino hay algo que debemos hacer y que es imprescindible: fijar los ojos en Jesús. Por eso nos exhorta: «Corramos con constancia en la carrera que se abre ante nosotros, fijos los ojos en Jesús, autor y perfeccionador de la fe, el cual, animado por el gozo que le esperaba, soportó sin acobardarse la cruz y ahora está sentado a la derecha del trono de Dios» (Heb 12,1s).

Y a esto mismo nos invita sor Isabel: a liberarnos de todo impedimento y del pecado que nos asedia y a correr con constancia la carrera que se abre ante nosotros, fijos los ojos en Jesús. Pensando en él, no nos dejaremos abatir por el desaliento: «Si contemplo las cosas de la tierra, descubro soledad y hasta vacío, porque, ciertamente, no puedo decir que mi corazón no haya sufrido. Pero cuando fijo mi mirada en él, mi Astro luminoso, ¡oh!, entonces todo lo demás desaparece y me pierdo en él como la gota de agua en el océano. Todo queda tranquilo y sereno, ¡y es tan dulce la paz de Dios!» (EP 166).

2

«Presentad vuestros cuerpos como hostia viva» (cf. Rom 12,1)

«Os exhorto, hermanos, por la misericordia de Dios, a presentar vuestros cuerpos como hostia viva, santa, agradable a Dios; este es vuestro culto razonable. Y no os ajustéis a este mundo».

(Rom 12,1s)

La carta a los Hebreos, de la que nos ocupábamos en el primer capítulo, se refiere en varias ocasiones a los sacrificios que se realizaban en el templo de Jerusalén. Es de todos conocido el qué, el cómo y el para qué de los sacrificios rituales en el Antiguo Testamento; algo que, por otra parte, pertenecía a todas las religiones conocidas en la antigüedad, incluidos los cultos del imperio romano.

Pero, ciñéndonos al Antiguo Testamento, hay que hacer notar algo que acabamos de ver en el capítulo anterior, y es la minuciosidad con que se describe no solo el sacrificio sino la víctima que se ofrece. La carta a los Hebreos, como dijimos, compara dos liturgias o cultos, el del Antiguo Testamento y el existencial de Cristo, poniendo de relieve las diferencias entre ellos y la superioridad del culto de Cristo. Lo que se ofrecía en el Antiguo Testamento eran ritos *externos*, carnales, que no afectaban al ser del hombre; eran, por lo mismo, inútiles. En cambio, Cristo no realiza un rito, una ceremonia, sino un acto real de su existencia: la ofrenda de la propia vida.

Por tanto, respecto a esa exigencia «sagrada» del Antiguo Testamento, el Nuevo no solo rompe con el sacrificio de animales, sino que en el sacrificio de Cristo concentra y anula cualquier otro. Pero aún hay algo más que eso, y es el sentido «sagrado» de nuestro cuerpo. Ya no son los animales, somos nosotros mismos los oferentes y la ofrenda, unidos al único capaz de hacer el verdadero sacrificio agradable a Dios. Desde la encarnación, todo está en nosotros, porque nosotros estamos en Cristo, incorporados a él por su carne.

A este propósito, hay un pasaje precioso que la carta a los Hebreos pone en boca de Jesús y que hemos comentado al hablar de sor Isabel: «Tú no quieres sacrificios ni ofrendas, pero me has formado un cuerpo. No aceptas holocaustos ni víctimas expiatorias. Entonces yo dije lo que está escrito en los libros: "Aquí estoy, ¡oh Dios!, para hacer tu voluntad"» (Heb 10,5-7; cf. Sal 40,7s). Es decir, que la voluntad de Dios pasa por la entrega de nuestro cuerpo. Todo el sentido sacrificial del Antiguo Testamento queda contenido en nuestros cuerpos. Recordemos que Isabel, cuando entra en el Carmelo, a la pregunta de «qué nombre quisiera tener en el cielo», responde: «Voluntad de Dios». El cumplir su voluntad, el responder a la llamada, es lo que había guiado su vida.

Pero volvamos al versículo de la carta a los Romanos con el que comenzamos esta reflexión: «Os exhorto, hermanos, por la misericordia de Dios, a presentar vuestros cuerpos como hostia viva, santa, agradable a Dios; este es vuestro culto razonable. Y no os ajustéis a este mundo» (Rom 12,1s). A propósito de este versículo, Benedicto XVI dice: «En estas palabras se verifica una paradoja aparente: mientras el sacrificio exige por norma la *muerte* de la víctima, Pablo hace referencia a la *vida* del cristiano. La exhortación a "ofrecer los cuerpos" se refiere a toda la persona; de hecho, en Rom 6,13, invita a "presentaros a vosotros mismos". Por lo demás, la referencia explícita a la dimensión física del cristiano coincide con la invitación a "glorificar a Dios con vuestro cuerpo" (1 Cor 6,20); es decir, se trata de honrar a Dios en la existencia cotidiana más concreta, hecha de visibilidad relacional y perceptible»[12], tal y como, en este caso, nos muestra Isabel de la Trinidad en su propia carne.

1. Reflexión bíblica sobre el cuerpo

En el Antiguo Testamento no hay una palabra para designar el cuerpo humano[13]. Para hacerlo se recurre al término *basar*, «carne», bajo el que se encierra la totalidad de la persona humana. San Juan, para expresar la encarnación del Hijo de Dios, dice: «Y el Verbo se hizo carne», se hizo hombre.

---

[12] BENEDICTO XVI, *Audiencia general*, miércoles 7 de enero de 2009.
[13] Para esta reflexión me he servido, en parte, de un artículo del padre Román Llamas. Cf. R. LLAMAS, «El cuerpo humano en la Biblia»: *Teresa de Jesús* 142 (2006), 136-140.

La concepción veterotestamentaria del ser humano es unitaria. No se da un dualismo antropomórfico, en el que se coloque el alma como algo superior al cuerpo. La persona humana es *basar*, una carne animada por el soplo de vida de Dios. Solo en los libros más tardíos, como la Sabiduría, el Eclesiástico y los Macabeos, aparece ese dualismo, debido a la influencia de la cultura griega: «Porque el cuerpo mortal es el lastre del alma y la tienda terrestre, el cuerpo, oprime la mente positiva» (Sab 9,15). En este texto aparece por primera vez la idea de la carne como principio opuesto a Dios y sede del pecado, idea que es totalmente ajena al Antiguo Testamento. Esa mentalidad, que se impuso ya desde el triunfo del helenismo, se generalizó en el mundo conocido y persiste hasta nuestros días.

Para el Antiguo Testamento, el hombre no solo tiene cuerpo, sino que es esencialmente cuerpo. El hombre es una unidad individual, un todo corpóreo animado y vivo. En el Nuevo Testamento, el término hebreo *basar* se desdobla por lo menos en dos términos griegos, *sōma* y *sárx*, de los que el primero tiene el significado de «cuerpo» y el segundo significa «carne», destacando en particular la debilidad del ser humano, incluso su carácter pecaminoso.

Dentro del Nuevo Testamento es, sobre todo, san Pablo quien se refiere más veces al cuerpo humano, el *sōma*. El concepto de cuerpo, en el apóstol de los gentiles, define al hombre como un ser constituido, un todo, una unidad. El cuerpo no es un envase que esconde el alma; es la expresión esencial de la realidad espiritual, que es el principio de la vida, y por eso las funciones psíquicas y espirituales están siempre vinculadas a un órgano corporal. «Cuerpo», en Pablo, equivale a persona. Por eso el cuerpo debe glorificar al Señor (cf. Rom 12,1) y también puede caer en pecado (cf. Rom 6,12). De ahí que Pablo presente la liberación del hombre del pecado y de la muerte sencillamente como la liberación del cuerpo. Para Pablo no se concibe una existencia humana después de la muerte y la resurrección sin cuerpo, aunque ese cuerpo ya no sea un cuerpo carnal, sujeto a los vaivenes y cambios de la vida, sino un cuerpo espiritual, a semejanza del cuerpo de Jesucristo resucitado.

El hombre salió de las manos de Dios como un ser vivo, animado, es decir, un ser corpóreo y espiritual, en una íntima unidad y equilibrio. Será el pecado de desobediencia a Dios quien rompa esa armonía. De esta forma, el pecado, al romper la unión del hombre con Dios y su vinculación a él, hará que el hombre no pueda dominar su propio cuerpo, manifestándose tendencias contrarias al espíritu. San Pablo atribuye este desorden no al cuerpo sino a la carne, habitada por el pecado, que ha esclavizado al cuerpo (cf. Rom 7,20). Es propio de Pablo dar este sentido a la «carne»: pecadora, débil, caduca, limitada. Llega casi hasta personalizarla como una fuerza del mal, enemiga del Señor: «Por tanto, os digo: caminad según el Espíritu y no os dejéis arrastrar por los apetitos de la carne. Porque esos apetitos actúan contra el Espíritu, y el Espíritu contra ellos» (Gal 5,16s).

Uno de los aspectos que destaca la Biblia del cuerpo humano es su bondad: «Y vio Dios todo lo que había hecho, y era muy bueno» (Gn 1,31). Salido de las manos de Dios, el cuerpo es algo bueno, como elemento material que es, pero alcanza todavía una mayor bondad por su unión esencial con el hálito de Dios para constituir al hombre, el ser superior del universo. Esa bondad y dignidad del cuerpo humano adquieren su grado máximo por el hecho de haber tomado cuerpo humano, naturaleza humana, el Verbo de Dios.

A pesar de la enseñanza bíblica tan clara sobre la bondad del cuerpo, este ha sido considerado –como acabamos de ver–, ya desde el primitivo cristianismo, como un enemigo del alma, debido al influjo ejercido por la concepción antropológica griega, caracterizada por el dualismo entre alma y cuerpo.

«Según Platón, el alma y el cuerpo son dos sustancias completas, cada una por su cuenta, unidas accidentalmente durante la vida terrena sin formar efectivamente una sustancia única. El alma, por sí sola, constituye la esencia verdadera del hombre. Esta se encuentra en el cuerpo como en una cárcel. En consecuencia, el ideal del hombre consiste en sustraerse de lo corporal y alienarse del mundo sensible para conducir de nuevo al alma a su perfección y a su felicidad original. Es distinta la concepción de Aristóteles. A su juicio, el alma y el cuerpo son elementos claramente distintos, pero no son dos sustancias completas, sino incompletas; las dos juntas dan origen a una única sustancia completa, el hombre. Sin embargo, el dualismo no desaparece del todo, ya que también para Aristóteles el cuerpo es materia extraña y opuesta al espíritu; los dos coprincipios del hombre no presuponen realmente un solo origen, ya que la materia es eterna y se contrapone a Dios»[14].

Esa es la tesis de la filosofía dualista, que, al considerar al cuerpo como distinto del alma, ha cargado sobre él

---

[14] L. Pacomio - V. Mancuso (eds.), *Diccionario Teológico Enciclopédico*, Verbo Divino, Estella 2003, 220-221.

todos los males del ser humano. Poco a poco, esta concepción del cuerpo como enemigo, cárcel o tumba del alma fue prendiendo en el cristianismo, que comenzó a ver el cuerpo como algo que hay que aborrecer. Incluso en los autores más espirituales encontramos expresiones que lo ponen de manifiesto. La misma santa Teresa dice así en una de sus poesías:

«¡Ay, qué larga es esta vida!
¡Qué duros estos destierros,
esta cárcel, estos hierros
en que el alma está metida!
Solo esperar la salida
me causa dolor tan fiero
que muero porque no muero»

(P 1).

Esta idea ha persistido a lo largo de muchos siglos. Durante mucho tiempo, si han ido los palos contra alguien, ha sido contra nuestro propio cuerpo. No necesitamos hacer un gran esfuerzo para recordarlo, porque sabemos que esa mentalidad casi nos está pisando los talones. Es decir, si volvemos la vista atrás ligeramente, aún vemos sus huellas. Dice Antonio Gala, refiriéndose al cuerpo: «Contra él toda lucha fue lícita. Mejor era olvidarlo, pero si su presencia se imponía, había que combatirlo con cilicios, mortificaciones, sacrificios violentos, etc.».

Es verdad que hoy en día no lo maltratamos de esa forma concreta, pero lo hacemos de otras más sutiles. Una de las cosas que se lleva mal en nuestra época es aceptar el paso del tiempo y la erosión que ese mismo paso va dejando de manera evidente en las personas. Tratamos de disimularlo por cuantos medios podemos, queriendo parecer eternamente jóvenes, y para eso no nos importa incluso atentar contra la salud.

Hay que reconocer que vivimos inmersos en esa tensión: se adora y se cuida el cuerpo de una manera desmesurada, y muchas veces se valora a la persona por su imagen externa, que responde a un determinado canon marcado, sobre todo, por la publicidad y las tendencias de la moda. Se exalta el cuerpo, un tipo concreto de cuerpo, de modo que quienes, en su apariencia externa, no se ajustan al modelo, son rechazados más o menos abiertamente por la sociedad: por desgracia, la ancianidad, la obesidad, la ausencia de belleza, etc., por considerarse antiestéticas, generan un rechazo más o menos explícito y una angustia que puede acarrear severos problemas psíquicos a las personas que por ello se sienten cuestionadas.

Tanto culto al cuerpo, y tanto desprecio por el cuerpo real, lleva a que muchos no estén a gusto consigo mismos. Tanto depender de los modelos impuestos por las marcas, el cine, la televisión, el deporte, lleva a comportamientos negativos frente al cuerpo, revelando una visión de la vida demasiado egoísta, centrada en el propio yo y casi sin preocupación social.

Pero ¡atención! Si en el pasado hubo quien abusó de las practicas ascéticas, mortificando al cuerpo con trabajos y privaciones, porque lo veían pesado e inmóvil para cumplir los mandamientos de Dios, hoy en día, por ejemplo, la anorexia revela la dificultad que tienen muchas personas para aceptar su propia corporeidad. Esto, junto con el síndrome de aquellos que, obsesionados por su apariencia personal, buscan de forma desesperada el cuerpo perfecto a expensas de la propia salud, son comportamientos que, como en el pasado el exceso de las prácticas ascéticas, implican rechazo a la corporeidad real, la que nos hace presentes en el mundo. El cuerpo propio, no el idealizado, es algo vergonzante que hay que martirizar hasta el extremo para aparecer atractivo y deseable.

Tenemos que volver a los orígenes, a la Biblia, en la que, al principio, y nunca mejor dicho, *todo era bueno.* De esta bondad original del cuerpo humano se deducen el amor, cuidado y respeto que el hombre tiene que tener a su propio cuerpo y al de los demás. Amor, cuidado y respeto que se manifiestan en diversos aspectos: el cuidado de la salud, la alimentación, el descanso corporal, la curación de las enfermedades, el pudor y la modestia para que el cuerpo propio no lesione la vida.

Con todo esto quizá parezca que nos salimos del tema, pero ¿cómo vamos a ofrecer nuestro cuerpo si no lo tenemos en nuestras manos? ¿Cómo vamos a ofrecer nuestro cuerpo cuando lo estamos rechazando o cuando vivimos alejados de él?

A propósito de esto, recuerdo una conferencia preciosa de Timothy Radcliffe, el que fue maestro general de los dominicos, titulada *La afectividad y la eucaristía.* Fue pronunciada en unas jornadas de pastoral juvenil. Uno de sus párrafos dice así:

«Es extraño que no se nos dé bien hablar de esto, porque *el cristianismo es la más corporal de las religiones.* Creemos que Dios creó estos cuerpos y dijo que eran muy buenos. Dios se hizo corporal en medio de nosotros, un ser humano como nosotros. Jesús nos dio el sacramento de su cuerpo y prometió la resurrección de nuestros cuerpos. Así pues, deberíamos sentirnos en casa en nuestra naturaleza corporal, apasionada [...]. Quizás Dios se encarnó en Jesucristo, pero nosotros todavía estamos aprendiendo a encarnarnos en nuestros propios cuerpos. ¡Tenemos que bajar de las nubes!»[15].

De este párrafo subrayaría la frase: «Así pues, deberíamos sentirnos en casa en nuestra naturaleza corporal, apasionada». Es decir, nuestro cuerpo es nuestra casa.

Teresa de Jesús, cuando habla de las grandezas que hay dentro de nosotros en el libro de las *Moradas*, lo hace precisamente con las mismas palabras que Timothy Radcliffe:

«¿Puede ser mayor mal que no nos hallemos en nuestra misma casa? ¿Qué esperanza podemos tener de hallar sosiego en otras cosas, pues en las propias no podemos sosegar? [...] ¡Paz, paz!, hermanas mías, dijo el Señor, y amonestó a sus apóstoles tantas veces. Pues creedme que, si no la tenemos y procuramos en nuestra casa, que no la hallaremos en los extraños» (2 M 1,9).

Tenemos una gran tarea, que es descubrir y vivir el yo corporal. No podemos quedarnos tranquilos, a la intemperie, habiendo perdido hace tiempo las llaves de nuestra casa. No podemos permitir que alguien en un momento determinado se nos acerque y, en palabras de Thérèse Bertherat, nos susurre al oído: «En este momento, en el lugar preciso en que usted se encuentra, hay una casa que lleva su nombre. Usted es su único propietario, pero hace tiempo que ha perdido las llaves. Por eso permanece fuera y no conoce más que la fachada. No vive en ella. Esa casa,

---

[15] T. RADCLIFFE, *Conferencia pronunciada en las XXXIV Jornadas Nacionales de Pastoral Juvenil Vocacional organizadas por la CONFER*, 1.

albergue de sus recuerdos más olvidados, más rechazados, es su cuerpo»[16].

Quizá el rechazo al cuerpo, por una parte, y el alejamiento de él, por otra, estén hoy más acentuados, y de una forma sutil. Pero Teresa de Jesús ya hablaba del peligro de no sentirnos a gusto en nuestra propia casa, en nuestro propio cuerpo; de ahí su exhortación a volvernos con mucha habilidad y cautela a nosotros mismos:

> «Tenemos tan acostumbrada nuestra alma y pensamiento a andar a su placer, o pesar, por mejor decir, que la triste alma no se entiende, que para que torne a tomar amor a estar en su casa es menester mucho artificio, y si no es así y poco a poco, nunca haremos nada» (C 26,10).

Cuando ofrecemos algo, tratamos de que sea lo mejor. En este caso se nos pide: «Ofreced vuestros cuerpos como víctima viva, santa».

2.   Cómo mejorar este cuerpo, esta casa

Con todo esto no se pretende echar abajo una ascética y disciplina que siempre necesitamos, con el fin de dedicarnos a lo que muchos piensan que sería «darnos la buena vida». En todo caso, disentimos de la forma en que se ha practicado esa ascética, al menos en parte, en otro tiempo, por considerar que no era tratar bien al cuerpo.

Dice san Ireneo que la gloria de Dios es que el hombre viva. Y el libro de la Sabiduría, en una hermosa frase,

---

[16] T. BERTHERAT - C. BERNSTEIN, *El cuerpo tiene sus razones. Autocura y Antigimnasia*, Paidós, Barcelona 2006.

llama a Dios «amigo de la vida». Luego se trata de tener vida, y vida en abundancia (cf. Jn 10,10). Entonces, lo primero es no dañar el cuerpo. Como decía Hipócrates: «Si no podemos curarlo, al menos no dañarlo».

Veamos algunas cosas que nos hacen daño y con las que no glorificamos a Dios, y también cómo, siendo conscientes de ellas y precisamente practicando ahí la ascética, podemos irnos liberando y sanando para llegar a glorificar a Dios plenamente.

Uno de los fenómenos que nos agota, incluso físicamente, es el dar vueltas a la cabeza, «la rumia», ante situaciones o conflictos personales, familiares o comunitarios. A veces terminamos agotados. Cuando la olla se calienta y no se destapa, explota. El fuego es lo que alimentamos al dar vueltas a la cabeza. Hay que apagar el fuego y abrir la olla.

Pero tengamos en cuenta que ya el filósofo Epicteto decía: «No nos afecta lo que nos sucede sino lo que nos decimos acerca de lo que nos sucede». Nuestro trabajo, por tanto, pasará por dirigir nuestro pensamiento, por controlar nuestro diálogo interno, y no tanto por mirar las circunstancias externas.

Ahí es donde hay que poner ascesis, en la higiene mental. Dicen los psicólogos que lo que se focaliza «crece». Tendríamos que evitar ciertas cosas que nos desgastan. Una de ellas es el mencionado estrés, equivalente al agobio que fabrica nuestra mente: tensiones que surgen, el no dormir lo suficiente, la importancia que damos a lo que opinan de nosotros... El noventa por ciento de nuestra falta de salud viene de aquí. Tenemos que dejar de rumiar, y gozar con los cinco sentidos. Muchos de nuestros problemas psicológicos vienen de que no estamos con nuestro cuerpo.

Es un error pensar que nos tratamos mejor cuando nos concedemos todo tipo de facilidades si después no somos capaces de escucharnos a nosotros mismos, de frenar nuestra mente, de parar nuestra actividad, etc. Somos conscientes de que hoy se da una realidad en nuestra vida: mientras que por un lado facilitamos nuestro vivir, por otro lo complicamos. Utilizamos muchos aparatos, muchas máquinas para todo, y ciertamente eso nos ayuda facilitando el trabajo, ahorrando tiempo, pero a veces da la sensación de que terminamos tratándonos a nosotros mismos y a los otros como una máquina más.

En muchas ocasiones estamos con el cuerpo en un sitio y la mente en otro; eso no es cuidarnos. El cuerpo, lo sepamos o no, lo creamos o no, es el único que no miente. Si nos dedicáramos a escucharlo, que no significa a mimarlo, tendríamos una fuente de conocimiento sobre nosotros mismos. El cuerpo no miente, la que miente es la cabeza. Y normalmente vivimos en nuestra cabeza, estamos desconectados de nosotros mismos. Una persona desconectada de sí misma es una persona vacía de identidad, no está conectada con lo que el cuerpo le está diciendo, sus sentimientos y emociones; por eso no sabe quién es y entonces se dedica a pensarse. Si una persona no se siente, se piensa, y lo que piensa se lo cree, y desde esa película culpa a los demás. Somos responsables de nosotros mismos y de los demás.

Tenemos que bajar a nuestra casa, a nuestro cuerpo. Es importante sanar el cuerpo, ya que es nuestra casa permanente. Si una de las cosas que nos daña, como hemos visto, es el dar vueltas a las cosas, como contrapartida, algo que nos da la salud es vivir el presente, el aquí y ahora. Normalmente nuestra tendencia es dar vueltas al pasado y al futuro. Muchas veces nos sentimos agotados porque, cuando uno se pasea por el pasado, aparecen tristeza, dolor, resentimiento, y cuando anticipamos el futuro, angustia, miedo, ansiedad...

Aprender a vivir el presente es ascesis pura y dura, y el que lo hace tiene una energía que le permite afrontar cualquier cosa. De lo contrario, día a día nos vamos aplastando bajo el peso del sufrimiento.

En relación con la anterior, otra de las cosas que nos desgastan y que también nos impiden vivir en el presente, en el aquí y ahora, es la falta de concentración. No tenemos tiempo para nada, queremos hacer muchas cosas a la vez. Erich Fromm, que será quien nos tienda una mano en toda esta reflexión, dice así:

«Nuestra cultura lleva a una forma de vida difusa y desconcentrada, que casi no registra paralelos. Se hacen muchas cosas a la vez: se lee, se escucha la radio, se habla, se fuma, se come, se bebe. Somos consumidores con la boca siempre abierta, ansiosos y dispuestos a tragarlo todo: películas, bebidas, conocimiento. Esta falta de concentración se manifiesta claramente en nuestra dificultad para estar a solas con nosotros mismos. Quedarse sentado, sin hablar, fumar, leer o beber, es imposible para la mayoría de la gente. Se ponen nerviosos e inquietos y deben hacer algo con la boca o con las manos [...]. La concentración es aprender a estar solo con uno mismo sin leer, escuchar la radio, fumar o beber [...]. Si uno está concentrado, poco importa *qué* está haciendo; las cosas importantes, tanto como las insignificantes, toman una nueva dimensión de la realidad, porque están llenas de la propia atención»[17].

---

[17] E. FROMM, *El arte de amar*, Paidós Ibérica, Barcelona 1991, 106-107 y 109-110.

Hoy día esto se ha incrementado con los móviles, las tabletas y la necesidad de estar todo el día conectados, pero no precisamente con nosotros mismos sino con internet, recibiendo una multitud de estímulos perfectamente calculados para mantenernos entretenidos (activando la dopamina del cerebro a través del refuerzo positivo, es decir, de pequeñas recompensas inmediatas obtenidas de forma sencilla y repetitiva) o en la búsqueda de un reconocimiento social inmediato que nunca se colma. Esta falsa satisfacción instantánea es muy fugaz, y las aplicaciones interrumpen nuestro tiempo con avisos constantes, impidiendo que nos concentremos plenamente en la actividad o la persona que tenemos frente a nosotros.

Pero la concentración, en relación con los otros, significa fundamentalmente poder escuchar. Si observamos, veremos que la mayoría de las personas oyen a los demás, e incluso dan consejos, sin escuchar realmente:

«No toman en serio las palabras de la otra persona, y tampoco les importan demasiado sus propias respuestas. Resultado de ello: la conversación los cansa. Se encuentran bajo la ilusión de que se sentirían aún más cansados si escucharan con concentración. Pero lo cierto es lo contrario. Cualquier actividad, realizada en forma concentrada, tiene un efecto estimulante (aunque luego aparezca un cansancio natural y benéfico); cualquier actividad no concentrada, en cambio, causa somnolencia, y al mismo tiempo hace difícil conciliar el sueño al final del día. Estar concentrado significa vivir plenamente en el presente, en el aquí y el ahora, y no pensar en la tarea siguiente mientras estoy realizando otra»[18].

---

[18] *Ibidem*, 111.

¿Quién no se siente hoy en día identificado/a con estas palabras en mayor o menor grado? Nuestra cultura nos ha abocado a esto. Por una parte, damos vueltas a las cosas como si de esa forma solucionáramos el problema. ¡Cuántas veces nos sorprendemos a nosotros mismos reviviendo el pasado o adelantando el futuro! ¡Y cuántas veces encontramos a personas que van a lo suyo, incluso hablando solas, abstraídas de la realidad! Por otra parte, todos tenemos la experiencia de vivir determinados momentos de forma superficial, sin prestar atención para no cansarnos demasiado, esperando que llegue ese momento al que pensamos dedicar todas nuestras energías. Y así, nos encontramos gran parte de nuestra vida aburridos, bostezando y mirando hacia los lados, en espera de un redentor que nos salve. Esto es difícil que lo confesemos abiertamente, pero solo hace falta mirar con atención y observar a las personas de nuestro alrededor y a nuestro propio interior. Todo esto es un peso que se va acumulando en nuestra vida y nos impide caminar con ligereza por el camino de la Vida.

3. Volviendo a la Escritura

Pero volvamos nuestros ojos por un momento a la Biblia, la palabra de Dios. Ella es como un espejo en el que, al mirarnos, oímos al tiempo una voz que nos susurra: «Esa persona eres tú» (cf. 2 Sm 12,7). Pensemos por un momento en la mujer encorvada del Evangelio de Lucas (cf. Lc 13,10-17). A veces caminamos encogidos, doblados por el peso de la vida.

Existe una diferencia entre el dolor y el sufrimiento. El dolor es un dato de la realidad, que todo el mundo tiene. El sufrimiento es la interpretación personal que yo hago de ese dato. A propósito de un hecho, nosotros muchas veces le damos vueltas hasta que nos aplasta, y no solo eso, sino que nos paraliza.

Recordemos la escena del paralítico en el Evangelio de Juan. Cuando Jesús le pregunta «¿Quieres curarte?», la respuesta es: «Señor, no tengo a nadie que me introduzca en el estanque cuando se mueve el agua. Cuando quiero llegar yo, otro se me ha adelantado» (Jn 5,7). Su cabeza le daba suficientes razones para no intentarlo. Proyectaba en los demás su malestar (la culpa siempre es de los demás). Nosotros podemos decir: «Quizá esto sea la voluntad de Dios», etc.

Y Jesús nos dice: «Levántate», sal de esa situación. Y nosotros diremos: «¡Qué más quisiera yo!». El paralítico no se ha responsabilizado de su vida, se dis-culpa. Cuando uno se pone en pie ante la vida, esta siempre se complica; por eso, es mejor estar tumbado. La camilla era aquel sitio donde él rumiaba. Jesús no lo abandona, pero no toma una actitud paternalista. Le dice: «Levántate, toma tu camilla» (el lugar donde daba vueltas a las cosas). Que es como si dijera: «No esperes cambiar cuando cambien los demás, la responsabilidad es tuya». Jesús le dice: «Ánimo, tú puedes y yo te apoyo». El paciente es el que tiene que dar pasos. Jesús tiene mucha paciencia: espera 38 años, que sería toda la vida en aquella época.

Nuestras heridas se curan cuando pasamos del dolor al agradecimiento. Tenemos en la Biblia el relato de José y sus hermanos, en el que leemos: «Ciertamente vosotros os portasteis mal conmigo, pero Dios lo cambió en bien, para hacer lo que hoy estamos viendo; para dar vida a un pueblo. Así que no temáis» (Gn 50,20s). José no alimentó el resentimiento. Motivos habría tenido para empezar a dar vueltas, a sufrir enormemente, pero eligió hacer otra interpretación.

Es verdad que es difícil, pero tendríamos que hacernos unas preguntas que nos ayuden a integrar el dolor: ¿cómo desmesuro esta situación? ¿Tendría yo que cambiar algo? Este sufrimiento que yo he fabricado ¿me impide el vivir aquí y ahora? ¿Me impide el glorificar a Dios como es debido? ¿Qué haría yo si no sintiera esa angustia? Pues lo voy a hacer... Desde nuestra fe cristiana hay que decir que Dios ama la vida. Hoy se sabe que, si comenzamos a actuar, el sentimiento desaparece. Esto lo deja bien claro Lair Ribeiro en el siguiente comentario:

«William James fue uno de los grandes psicólogos y filósofos de Estados Unidos. Siendo profesor en la Universidad de Harvard, le preguntaron una vez cuál consideraba que era el descubrimiento más importante en el campo del desarrollo humano en los últimos cien años. Su respuesta fue la siguiente: "Hasta ahora se pensaba que para actuar había que sentir. Hoy se sabe que el sentimiento aparece cuando empezamos a actuar. Este es para mí el descubrimiento más grande del siglo en el campo del desarrollo humano". James resume el descubrimiento con el siguiente adagio: "El pájaro no canta porque sea feliz, es feliz porque canta". Aunque usted se deprima, si empieza a actuar como si fuera feliz, acabará sintiéndose feliz, y por lo tanto lo será. "El comportamiento cambia el sentimiento, el sentimiento cambia el pensamiento". La mayoría de la gente dice: "Lo haré el día en que me sienta bien". No es este el camino. Comience a actuar inmediatamente, y las cosas cambiarán dentro y fuera de usted. Intención sin acción es ilusión. Atrévase a hacer y el poder le será dado»[19].

Santa Teresita de Lisieux, en un momento terrible de prueba, decía: «Canto simplemente lo que quiero creer»[20]. Si queremos empezar a cambiar, hay que empezar a actuar. Los deseos solo nos sirven para paralizarnos más todavía. Solo nos cambia la vida aquello que empezamos a hacer, no aquello que pensamos.

A Dios le da más gloria el amor. Traemos de nuevo a nuestra memoria a la mujer encorvada. ¿No sería un culto más agradable a Dios el desatar en sábado a esta hija de Abrahán? Eso es lo que no quería hacer el jefe de la sinagoga. Pero Jesús no la dejó encorvada, para que de esa forma diera más gloria a Dios. La enderezó, y nos dice el texto: «Se marchó glorificando y alabando a Dios». Dice Dolores Aleixandre: «Sacando pecho y taconeando». Y es que habitualmente hemos creído que alabábamos y glorificábamos más a Dios andando tirados por el suelo, pero vemos que lo que Jesús nos pide es: «Levántate». Él siempre está dispuesto a darnos la mano para levantarnos.

Santa Teresa, cuando habla de las virtudes, dice algo interesante que podemos aplicar en este momento. Nos advierte de que la verdadera penitencia está en practicar las grandes virtudes, como la humildad, y no en otro tipo de penitencias corporales, que podrían dañarnos. También aquí podemos decir algo así. Una buena ascesis corporal sería tratar de no «rumiar» en nuestra cabeza,

---

[19] L. RIBEIRO, *El éxito no llega por casualidad*, Urano 1993, 16-17.
[20] TERESA DE LISIEUX, «Historia de un alma», en *Obras completas*, Monte Carmelo, Burgos 1989 (manuscrito C, capítulo X, folio 7).

esforzarnos en vivir la concentración, vivir el presente, bajar de nuestra cabeza a nuestros sentidos, desatarnos de nuestras ataduras y tratar de desatar a los demás... y levantarnos y ponernos de pie ante la vida. Estos son nuevos tipos de ascesis y disciplinas: poner freno a la mente cuando empiece a inquietarnos. Esto no solo no nos hace daño, sino todo lo contrario. Dice Teresa: «Estas virtudes grandes, hermanas mías, querría yo estudiásemos mucho e hiciésemos penitencia, que en demasiadas penitencias ya sabéis os voy a la mano, porque pueden hacer daño a la salud si son sin discreción. En estotro no hay que temer, porque por grandes que sean las virtudes interiores, no quitan las fuerzas del cuerpo para servir la religión, sino fortalecen el alma» (C 15,3). Solo quien está fortalecido en el alma puede alabar a Dios con el cuerpo (valga el dualismo para poder expresar la idea).

Pero todo esto no se consigue sin una «disciplina», palabra con mala prensa en nuestros días. A este propósito nos advierte Erich Fromm de una falsa creencia, y es que parecería que al hombre moderno nada le es más fácil de aprender que la disciplina, puesto que pasa ocho horas diarias de manera sumamente disciplinada en su trabajo. Pero ocurre que el hombre moderno es excesivamente indisciplinado fuera de su trabajo: «Precisamente porque el hombre está obligado durante ocho horas diarias a gastar su energía con fines ajenos, en formas que no le son propias sino prescritas por el ritmo del trabajo, se rebela, y su rebeldía toma la forma de una complacencia infantil para consigo mismo»[21].

---

[21] E. Fromm, *El arte de amar*, Paidós Ibérica, Barcelona 1991, 106.

A la pregunta de «¿Cómo se practica la disciplina?», él mismo responde que nuestros abuelos estarían en mejores condiciones para contestar, ya que recomendaban levantarse temprano, no entregarse a lujos innecesarios y trabajar mucho. Este tipo de disciplina encerraba evidentes defectos:

«Era rígida y autoritaria, centrada alrededor de las virtudes de la frugalidad y el ahorro, y, de muchos modos, hostil a la vida. Pero, en la reacción a tal tipo de disciplina, hubo una creciente tendencia a sospechar de *cualquier* disciplina, y a hacer de la indisciplina y la perezosa complacencia en el resto de la propia existencia la contraparte que equilibra la forma rutinizada de vida impuesta durante ocho horas de trabajo. Levantarse a una hora regular; dedicar un tiempo regular durante el día a actividades tales como meditar, leer, escuchar música, caminar; no permitirnos, por lo menos dentro de ciertos límites, actividades escapistas, como novelas policiales y películas; no comer ni beber demasiado, son normas evidentes y rudimentarias. Sin embargo, es esencial que la disciplina no se practique como una regla impuesta desde afuera, sino que se convierta en una expresión de la propia voluntad»[22].

Quizá nos falte algo muy importante por descubrir en este campo, y es la parte agradable, atractiva. Tendríamos que descubrirlo como algo que se pueda llegar a extrañar si se deja de practicar. Es muy interesante el siguiente comentario, sobre el que deberíamos reflexionar:

---

[22] *Ibidem*, 108-109.

«Uno de los aspectos lamentables de nuestro concepto occidental de la disciplina (como de toda virtud) es que se supone que su práctica debe ser algo penoso, y solo si es penosa es "buena". El Oriente ha reconocido hace mucho que lo que es bueno para el hombre –para su cuerpo y para su alma– también debe ser agradable, aunque al comienzo haya que superar algunas resistencias»[23].

Nos queda un largo y hermoso camino por recorrer. Pero no olvidemos lo que dijo Lao Tse: «Un camino de mil pasos empieza por uno solo».

4. Consignas de Teresa de Jesús

Al hilo de esta reflexión, Teresa de Jesús tiene algo que aportar. En el *Camino de perfección*, libro por excelencia de la oración teresiana, nos habla de las prisas de las jóvenes que acaban de entrar en el nuevo convento de San José para que les hable de oración. Sin embargo, antes de eso, como Jesús en el Evangelio, se dedicará a instruirlas «por el camino». Porque ella sabe por experiencia que no basta con rezar si no se pone igual empeño en vivir.

De ahí que, antes de empezar a hablar de la oración, comience con una terna de virtudes evangélicas que sintetizan y resumen, según ella, todas las demás: «La una es amor de unas con otras; otra, desasimiento de todo lo criado; la otra, verdadera humildad, que, aunque la diga a la postre, es la principal y las abraza todas» (C 4,4).

---

[23] *Ibidem*, 109.

Con este enunciado nos hacemos una idea de la importancia que concede Teresa a estas virtudes en el camino de la oración, o, para hablar con más precisión, en el camino de una verdadera comunidad orante.

Por tanto, aprender a orar es aprender a vivir, abrirse a los demás en amistad, siendo capaces de superar todos nuestros egoísmos, liberándonos de todo protagonismo.

Desde su experiencia personal, Teresa sabe bien lo que pierde quien no se entrega del todo; y, por el contrario, conoce la gran ganancia que supone la entrega total. Por eso, en un momento determinado, como para habilitar un espacio de reflexión en medio de la trama del *Camino*, hace una breve síntesis de todo lo que viene diciendo: «Porque todo lo que os he avisado en este libro va dirigido a este punto de darnos del todo al Criador y poner nuestra voluntad en la suya y desasirnos de las criaturas» (C 32,9).

Comentamos brevemente la terna de virtudes teresianas.

4.1. *El amor de unas con otras*

Dice Teresa: «Acá solas estas dos [cosas] que nos pide el Señor: amor de su Majestad y del prójimo, es en lo que hemos de trabajar. [...] Porque si amamos a Dios, no se puede saber, aunque hay indicios grandes para entender que le amamos; más el amor del prójimo, sí» (5 M 3,7.8). Sin embargo, todos somos conscientes de la dificultad que esto entraña.

Porque, como dice Erich Fromm, el amor no es un sentimiento fácil para nadie, sea cual fuere el grado de madurez alcanzado. Para explicarlo, él parte de la teoría de que el amor es un arte, y como tal requiere conocimiento y esfuerzo. El carácter activo del amor se muestra en que implica: cuidado, responsabilidad, respeto y conocimiento[24].

Teresa quiso para sus comunidades un número reducido de miembros, precisamente para favorecer el tono de familia en un ambiente cálido, entrañable y humano.

Así, continúa diciendo Erich Fromm, el cuidado es la preocupación activa por el bien de lo que amamos; esto es evidente en una madre que cuida a su hijo. La responsabilidad, en este ejemplo, atañe a las necesidades físicas, pero tratándose del amor entre adultos correspondería a las necesidades psíquicas de la otra persona. A este propósito nos dice Teresa: «Aquí todas se han de ser amigas, todas se han de amar, todas se han de querer, todas se han de ayudar» (C 4,7).

Sin embargo, sabemos que es aquí, en las relaciones, donde está la piedra de tropiezo de la vida comunitaria. Somos conscientes de que en algunos momentos, ante la pregunta «¿Dónde está tu hermano?», la respuesta es la de Caín: «¿Soy yo acaso el guardián de mi hermano?».

Quizá hoy en día esto se vea favorecido por un cierto individualismo o respeto mal entendido. Caín no se sentía responsable de su hermano. La persona que ama responde, se preocupa, se interesa.

Pero, además del cuidado y la responsabilidad, el carácter activo del amor, como ya vimos, implica también respeto y conocimiento. Si la relación a veces es tan difícil, es sencillamente porque somos muy diferentes, situándonos ante la vida de muy diversas maneras, y porque solo tenemos una visión, que es la nuestra. Y tenemos

---

[24] Cf. E. FROMM, *El arte de amar*, Paidós Ibérica, Barcelona 1991, 13 y 34 (prefacio).

la certeza de que lo que nosotros decimos es lo verdadero, porque es lo que vemos. En teoría todos estamos convencidos de que el ser diferentes es una riqueza... Si todos fuéramos o pensáramos igual, ¡qué aburrido sería! Y, sin embargo, en la práctica es donde está la dificultad. Nos gustaría mirar todos en la misma dirección, así se evitarían problemas (pensamos o creemos).

Respetarnos y aceptarnos como somos es una tarea difícil pero necesaria, y para esto es imprescindible el conocimiento. Sin un mínimo de conocimiento nos quedamos siempre en la superficie, que es lo que nos ocurre muchas veces cuando hacemos juicios.

La mayoría de las veces nos detenemos en la periferia y no damos un paso más, quizá también porque la situación conecta con heridas nuestras que no tenemos superadas. Por ejemplo, si vemos a una persona enfadada y no sabemos que está angustiada por una situación difícil, juzgaremos superficialmente y no la veremos como a alguien que sufre. Por ello es imprescindible el diálogo, algo que nos cuesta a todos, pero nos damos cuenta de que disipa muchos malentendidos.

Comenzaba este apartado diciendo cómo Teresa une de manera inseparable el amor a Dios y el amor al prójimo, porque se da cuenta del engaño que puede haber cuando solo miramos en una dirección de forma egoísta. Dirá con gracia en las quintas Moradas:

«Cuando yo veo almas muy diligentes a entender la oración que tienen y muy encapotadas cuando están en ella, que parece no se osan bullir ni menear el pensamiento porque no se les vaya un poquito de gusto y devoción que han tenido, háceme ver cuán poco entienden del camino por donde se alcanza la unión, y piensan que allí está todo el negocio. Que no, hermanas, no; obras quiere el Señor, y que si ves una enferma a quien puedes dar algún alivio, no se te dé nada de perder esa devoción y te compadezcas de ella; y si tiene algún dolor, te duela a ti; y si fuere menester, lo ayunes, porque ella lo coma» (5 M 3,11).

Teresa de Jesús se explaya hablando de este tema a lo largo de todos sus escritos y lo hace con gran maestría, porque ella sabe que el amor fraterno a nivel horizontal será la base para el amor teologal. Hablando de la oración, nos dice en una de sus frases lapidarias que «no está la cosa en pensar mucho sino en amar mucho» (4 M 1,7).

4.2. *El desasimiento de todo lo creado*

La segunda virtud que nos propone Teresa para rehacer nuestra vida, para mejorar nuestra casa, es el desasimiento de todo lo creado, que se corresponde con la pobreza:

«Ahora vengamos al desasimiento que hemos de tener, porque en esto está el todo, si va con perfección [...]. ¿Pensáis, hermanas, que es poco bien procurar este bien de darnos todas al Todo sin hacernos partes? Y pues en él están todos los bienes, como digo, alabémosle mucho, hermanas, que nos juntó aquí, adonde no se trata de otra cosa sino de esto» (C 8,1).

Es decir, no se trata de otra cosa que de darnos todas al Todo sin hacernos partes. Pero para eso hay que ser libres, hay que soltar las amarras que nos atan a la tierra y esclavizan.

Cuando Teresa preparaba el proyecto de la fundación de San José de Ávila, el provincial la manda ir a Toledo a consolar a una gran señora por la muerte reciente de su marido. De pronto se vio metida en un mundo de grandeza y abundancia, del que nos ha dejado su experiencia:

«Saqué una ganancia muy grande, y decíaselo. Vi que era mujer y tan sujeta a pasiones y flaquezas como yo, y en lo poco que se ha de tener el señorío, y cómo, mientras es mayor, tienen más cuidados y trabajos [...]. Han de comer muchas veces los manjares más conformes a su estado que no a su gusto. Es así que del todo aborrecí el desear ser señora [...]. Ello es una sujeción, que una de las mentiras que dice el mundo es llamar señores a las personas semejantes, que no me parece son sino esclavos de mil cosas» (V 34, 4).

San Juan de la Cruz tiene en una de sus cartas una frase lapidaria: «Y sepan que no tendrán ni sentirán más necesidades que a las que quisieren sujetar el corazón» (carta del 18 de julio de 1589).

Para Teresa y Juan «desasimiento» es «liberación». Y sirve para llegar al «señorío» de sí mismo.

Normalmente, todos pensamos que la libertad nos la quitan desde fuera: violencia, opresión, prohibiciones, limitaciones a la libertad de acción o de movimientos... Por ahí ha comenzado Teresa: hay que liberarse de las amarras exteriores, de cosas y personas. Incluso de las amarras que provienen de las personas más queridas. Pero ¡cuidado! Bien entendido que somos nosotros los que nos dejamos amarrar, somos el ladrón que se queda dentro de la casa. Ella dice así:

«Desasiéndonos del mundo y deudos, [...] ya parece lo tenemos todo hecho y que no hay que pelear con nada. ¡Oh hermanas mías!, no os aseguréis ni os echéis a dormir, que será como el que se acuesta muy sosegado habiendo muy bien cerrado sus puertas por miedo de ladrones, y se los deja en casa. Y ya sabéis que no hay peor ladrón, pues quedamos nosotras mismas» (C 10,1).

Lo que verdaderamente nos cuesta es dejar nuestras ideas, nuestra visión, nuestra manera de entender las cosas, más que las cosas mismas...

De nuevo san Juan de la Cruz nos lanza una llamada de atención cuando dice: «¡Oh, almas criadas para estas grandezas y para ellas llamadas! ¿Qué hacéis? ¿En qué os entretenéis? Vuestras pretensiones son bajezas y vuestras posesiones, miserias» (Cántico 39,7). Sería bueno que esta frase resonara en nosotros a menudo como estímulo.

4.3. *La humildad*

La tercera virtud que nos propone Teresa es la humildad. Dice que, aunque la nombra la última, es la principal y abraza a las otras dos.

La definición que da de la humildad es «andar en verdad», es decir, reconocer lo que somos, sin subirnos más de la cuenta y sin bajarnos tampoco más de la cuenta, cosa bien difícil a veces. De ahí que insista tanto en el conocimiento propio. Este conocimiento nos hará vivir en la realidad.

Porque es fácil vivir a veces fuera de ella, no solo creyéndonos lo que no somos sino también lo contrario, teniendo en ocasiones una falsa humildad que nos impide reconocer los dones y gracias recibidos. Esto es peligroso porque, como dirá ella: «Si no conocemos que recibimos, no despertamos a amar» (V 10,4). También dirá a este respecto: «Es imposible conforme a nuestra naturaleza –a mi parecer– tener ánimo para cosas grandes quien no entiende está favorecido de Dios» (V 10,6).

La verdadera humildad consiste en reconocer lo que somos en su justa medida. No pecar por carta de más, pero tampoco por carta de menos.

Para terminar este apartado de las tres virtudes teresianas, traigo a colación un bonito texto del profeta Miqueas. En un momento dado, el pueblo de Israel reconoce que ha pecado e intenta ofrecer a Dios una compensación, pero se equivoca en su contenido al preguntarse: «¿Con qué me presentaré delante del Señor y me postraré ante el Dios de lo alto? ¿Me presentaré con holocaustos, con terneros de un año? ¿Complacerán al Señor miles de carneros e innumerables ríos de aceite?» (Miq 6,6s).

Es evidente que no es ese tipo de culto el que Dios quiere. La respuesta del Señor por medio del profeta es esta: «Se te ha hecho saber, hombre, lo que es bueno, lo que el Señor pide de ti: simplemente que respetes el derecho, que ames la misericordia y que andes humildemente con tu Dios» (Miq 6,8).

Este pasaje de Miqueas supone un excelente programa de vida, que sintetiza y resume de manera feliz los temas fundamentales de los profetas Amós, Oseas e Isaías. Dicho texto, por sí solo, habría bastado para mostrarnos cómo presentar nuestros cuerpos como hostia viva, santa y agradable a Dios.

5. Espiritualidad teresiana: la oración

Teresa de Jesús ha tratado de preparar al orante para esa entrega total y definitiva, y lo ha hecho intentando promover personas libres, que, conociendo todos los riesgos que la vida comporta, sean capaces de poder afrontarlos. Ha procurado educar a sus lectoras en la libertad de espíritu y en el señorío de sí mismas.

No se trata de hacer personas perfectas sino de poner las bases para una transformación, para una sincera conversión.

En el Talmud de los judíos se dice que tenemos dos tendencias en el corazón, una positiva y otra negativa. La vida la forman esos dos polos opuestos. A Dios hay que servirlo con los dos: con la bondad que hay en nosotros y con la maldad que también hay en nosotros.

Es decir, lo esencial de la oración no está en ofrendar a Dios lo mejor de nosotros mismos sino en ser capaces de convertir lo peor de nosotros mismos en ofrenda a Dios. Es un esfuerzo de conversión de esa parte negativa del corazón que está presente en nosotros y que forma parte de nuestro ser, de nuestras limitaciones...

En esta conversión del mal que hay en nosotros en bien está lo esencial del esfuerzo de la oración. Los sacrificios del Antiguo Testamento se concebían como un medio de agradar a Dios y de atraer sus favores. De alguna manera se intenta que Dios cambie de actitud para con nosotros, cuando el efecto del sacrificio debería ser transformar al oferente, no a aquel a quien se ofrece.

Pues así ocurre con la oración. Esta es la tesis de Teresa. Si algo ha experimentado ella, es que la oración transforma la vida; de ahí que insista una y mil veces en que no se deje, por grandes pecados que se tengan. La oración es donde se ven las verdades, donde se recibe luz.

6.   Cristo, el rostro humano de Dios

Será la misma Teresa de Jesús quien nos dé su testimonio de esta gran verdad. En el capítulo 22 del *Libro de la vida*, en un momento dado se dirige al padre García de Toledo con estas palabras: «Así que vuestra merced, hasta que halle quien tenga más experiencia que yo y lo sepa mejor, estese en esto» (V 22,13).

¿A qué se refiere con estas palabras? En aquella época había un error difundido entre los libros y maestros espirituales. Consistía en creer que, al llegar a una cierta altura de la vida espiritual, el orante tenía que optar por espiritualizarse del todo, para entrar en la órbita de lo divino. Es decir, dejar de lado la atención a lo corpóreo, y por tanto, dejar de lado la humanidad de Jesús e ir levantando el espíritu por encima de todo lo creado.

Teresa, fiándose de esa doctrina, fue víctima de ella, aunque por breve tiempo. Sin embargo, llorará ese engaño toda su vida: «¡Oh, Señor de mi alma y Bien mío, Jesucristo crucificado! No me acuerdo vez de esta opinión que tuve, que no me da pena y me parece que hice una gran traición, aunque con ignorancia» (V 22,3).

A partir de aquí hablará desde su experiencia. Nos dirá que el tiempo que prescindió de la humanidad de Jesús andaba como «en el aire», sin arrimo (cf. V 22,9), y que «todos sus gozos eran a sorbos» (V 22,5). Está convencida de que apartarse de Cristo solo conduce a la muerte: «Helo visto por experiencia, que se hallaba muy mal mi alma hasta que el Señor la dio luz» (*ibidem*).

Solo y únicamente Dios puede actuar para el ser humano a través de la humanidad de Jesús. De ahí su tesis: «Y veo yo claro, y he visto después, que para contentar a Dios y que nos haga grandes mercedes, quiere sea por manos de esta humanidad sacratísima, en quien dijo su Majestad se deleita» (V 22,6).

Ahora se entienden mejor las palabras dirigidas al padre García de Toledo, anteriormente mencionadas: «Así que vuestra merced, hasta que halle quien tenga más experiencia que yo y lo sepa mejor, estese en esto» (V 22,13).

Porque, como dice Maximiliano Herráiz, no se puede llegar a la contemplación cristiana sin apoyo de lo corpóreo, «sin arrimo», ya que lo corporal no es imposibilidad, ni, hablando en profundidad, impedimento para nuestro encuentro con Dios. Al contrario, es la única posibilidad. Querer «salir» de la Humanidad, dándole la espalda, ignorándola porque se cree «impedimento», es rechazar el hecho portentoso de la encarnación de Dios. Y así se atenta contra lo central del cristianismo: el don de Dios manifestado en la carne[25].

A este propósito, pienso que puede ser interesante leer y reflexionar atentamente las siguientes palabras de Leonardo Boff:

«En la humanidad total y completa de Jesús es donde encontramos a Dios. La reflexión sobre la muerte y la

---

[25] Cf. M. HERRÁIZ, *Santa Teresa, maestra de espirituales. Nueva comprensión de Teresa de Jesús*, Instituto de Espiritualidad a Distancia (adscrito al Teresianum de Roma), Madrid 2000[2], 225.

cruz nos brinda la oportunidad de pensar radicalmente acerca de la humanidad de Jesús. Tal vez algunos cristianos, habituados a la imagen tradicional de Jesús, fuertemente marcada por su divinidad, puedan tener dificultades con la imagen que aquí dibujamos con los rasgos de nuestra propia humanidad. Y, sin embargo, es preciso abrirse a la verdadera humanidad de Jesús. En la medida en que aceptemos nuestra propia humanidad con toda la abisal dramaticidad que puede caracterizar a nuestra existencia, en esa misma medida abriremos un camino para una aceptación profunda de la humanidad de Jesús. Y no es menos verdadero el proceso inverso: en la medida en que acojamos a Jesús tal como nos lo pintan los Evangelios, particularmente los sinópticos, con su vida cargada de conflictos y con su vía dolorosa, en la proporción en que tomemos absolutamente en serio la encarnación en cuanto vaciamiento, sí, en cuanto alienación de Dios, en esa misma proporción nos aceptaremos a nosotros mismos con toda nuestra fragilidad y miseria, sin vergüenza ni humillación.

La imagen ordinaria que tenemos de Dios es deudora a la experiencia religiosa pagana y a la del Antiguo Testamento. La reflexión sobre la humanidad de Jesús (que es la de Dios) nos desvela el rostro legítimamente cristiano de Dios, rostro inconfundible e inintercambiable. Sin duda que se trata siempre del mismo misterio, experimentado por paganos y cristianos. Pero, en Jesucristo, él ha revelado su propio rostro, un rostro insospechado: el del humilde justo sufriente, torturado, ensangrentado, coronado de espinas y muerto tras un misterioso grito de aflicción lanzado al cielo, pero no contra el cielo.

Un Dios así es alguien extraordinariamente cercano al drama humano, pero también es alguien extraño. Es de una extrañeza fascinante, similar a la de los abismos de nuestra misma profundidad. Ante él podemos quedar aterrados como Lutero, pero también podemos sentirnos tocados por una infinita ternura como san Francisco, que meditaba la pasión con contemplación»[26].

Teresa dirá: «Veía que, aunque era Dios, que era hombre, que no se espanta de las flaquezas de los hombres, que entiende nuestra miserable compostura, sujeta a muchas caídas por el primer pecado que él había venido a reparar» (V 37,6).

Recordamos una vez más este bello pasaje de la carta a los Hebreos: «Tú no quieres sacrificios ni ofrendas, pero me has formado un cuerpo. No aceptas holocaustos ni víctimas expiatorias. Entonces yo dije lo que está escrito en los libros: "Aquí estoy, ¡oh Dios!, para hacer tu voluntad"» (Heb 10,5-7). Tengamos en cuenta que, en esta cita, la carta a los Hebreos está mencionando unos versículos del salmo 40: «Tú no quieres sacrificios ni ofrendas, pero me abriste el oído. No pides holocaustos ni víctimas; entonces yo digo: "Aquí estoy para hacer lo que está escrito en el libro sobre mí"» (Sal 40,7-9).

Pues bien, será Joseph Ratzinger quien nos haga caer en la cuenta de la importante modificación que se da respecto al texto del salmo. Mientras que la carta a los Hebreos lee «Me has formado un cuerpo», el salmista había dicho: «Me abriste el oído». Y comenta el papa:

«Ya aquí, los sacrificios del templo habían sido reemplazados por la obediencia. El verdadero modo de

---

[26] L. Boff, *Pasión de Cristo, pasión del mundo*, Sal Terrae, Santander 1980, 13-15.

venerar a Dios se encuentra en la vida marcada por la palabra de Dios [...]. También en el mundo griego se sentía cada vez más insistentemente la insuficiencia de los sacrificios de animales, que Dios no necesita y en los que el hombre no da a Dios lo que él podría esperar del hombre. Así queda formulada aquí la idea del "sacrificio moderado por la palabra": la oración, la apertura del espíritu humano hacia Dios, es el verdadero culto. Cuanto más se convierte el hombre en palabra –o, mejor, se hace respuesta a Dios con toda su vida–, tanto más pone en práctica el culto debido»[27].

De estas palabras podemos deducir cuál es el verdadero culto. Pero antes sigamos escuchando las palabras, tan esclarecedoras, del papa Benedicto:

«El salmista decía: "No quieres sacrificios ni ofrendas, y, en cambio, me abriste el oído". El verdadero Logos, el Hijo, dice al Padre: "Tú no quieres sacrificios ni ofrendas, pero me has formado un cuerpo". El Logos mismo, el Hijo, se hace carne, asume un cuerpo humano. Así es posible una nueva forma de obediencia, una obediencia que va más allá de todo cumplimiento humano de los mandamientos. El Hijo se hace hombre, y en su cuerpo le devuelve a Dios toda la humanidad. Solo el Verbo que se ha hecho carne, cuyo amor se cumple en la cruz, es la obediencia perfecta. En él no solo ha culminado definitivamente la crítica a los sacrificios del templo, sino que se ha cumplido también el anhelo que comportaban: su

---

[27] Benedicto XVI, *Jesús de Nazaret. Segunda parte. Desde la entrada en Jerusalén hasta la resurrección*, Encuentro, Madrid 2011, 271-272.

obediencia "corpórea" es el nuevo sacrificio en el cual nos incluye a todos y en el que, al mismo tiempo, toda nuestra desobediencia es anulada mediante su amor»[28].

La vertiente existencial de la nueva concepción del culto y del sacrificio aparece particularmente clara en los primeros versículos del capítulo 12 de la carta a los Romanos, con los que encabezábamos nuestra reflexión: «Os exhorto, hermanos, por la misericordia de Dios, a presentar vuestros cuerpos como hostia viva, santa, agradable a Dios; este es vuestro culto razonable [literalmente: culto modelado por la palabra]» (Rom 12,1s).

Por lo tanto, según el papa:

«Se retoma aquí el concepto del culto a Dios mediante la palabra y se entiende el abandono de toda la existencia en Dios; un abandono en el que, por decirlo así, el hombre entero se hace como palabra, se ajusta a Dios. Se subraya con esto la dimensión de la corporeidad: precisamente nuestra existencia corpórea ha de estar impregnada de la palabra y convertirse en entrega a Dios».

---

[28] *Ibidem*, 273-274.

3

La «determinada determinación» teresiana

En la base de cualquier comportamiento que se atreva a cruzar la línea de lo teologal/teológico nos encontraremos siempre con esta actitud («determinada determinación») como catalizador que unifica todos los planos de la persona creyente: desde el más biológico, como es el deseo emocional, hasta los más superiores y humanos, como la voluntad, que sostiene y dirige nuestra libertad.

Confieso que adentrarse en este planteamiento de la santa es una tarea apasionante y llena de sorpresas, pero en esta ocasión ese efecto se ha potenciado para mí quizás por su complejidad. El texto de *Camino de perfección*, donde aparece la famosa frase que da título a este capítulo, es suficientemente expresivo y dice exactamente lo que ella, Teresa de Jesús, quiere decir; pero, en el intento de parafrasear su idea y de acercarla un poco más a los lectores, empezamos por el sentido literal de las palabras, buscando después el marco, para terminar con una breve intuición personal.

1. Palabras con sentido

En un primer momento cabría hablar de «autoconciencia» (porque sin ella no podemos entender nada) como conocimiento de nosotros mismos, de nuestras emociones, de nuestros recursos, de nuestras virtudes y defectos. Una autoconciencia que sería algo así como el conocimiento propio, en acto, en presente, actuante: «No es pequeña lástima y confusión que, por nuestra culpa, no entendamos a nosotros mismos ni sepamos quién somos. ¿No sería gran ignorancia, hijas mías, que preguntasen a uno quién es y no se conociese ni supiese quién fue su padre ni su madre ni de qué tierra?» (1 M 1,2); «Porque es cosa tan importante este conocernos, que no querría en ello hubiese jamás relajación» (1 M 2,9). Solo si partimos de la autoconciencia, podemos saber hacia dónde queremos ir y por dónde llegar a donde queremos. Difícilmente podemos tomar una determinación (decisión consciente) si nos desconocemos a nosotros mismos.

Por eso es bueno avanzar en nuestro análisis. Podríamos ahora separar cada uno de los términos de la expresión «determinada determinación», y así tendríamos dos unidades de análisis:

Determinada/o: es lo preciso, lo concreto, lo exacto, lo específico, como antónimo de «impreciso», «ambiguo», «indeterminado» y de lo que no está bien definido o delimitado.

Determinación: estaríamos hablando de un acto de decisión, con todo lo que esto implica de libertad, responsabilidad y elección. Estaríamos hablando también de valor, de osadía y atrevimiento.

Si ahora unimos los dos términos, tendremos la siguiente definición: «Algo concreto y determinado, elegido libremente, que decidimos hacer con la ayuda de nuestra voluntad, guiada esta por la responsabilidad y el afecto de toda nuestra persona».

Pues bien, si esto es así, hay que tener claros los objetivos que perseguimos; de ahí la autoconciencia, que nos permite comprender el sentido de las palabras y nos dispone para encontrar las palabras con sentido. Esto es justamente lo que hace Teresa de Jesús al unir ambos términos en una expresión exenta de redundancia, aunque a primera vista podría parecer lo contrario. Estamos realmente ante «palabras con sentido».

Dichas palabras no solo tienen un componente semántico, que nos vale para definir una idea (¡que también!), sino que esta expresión, en la pluma de Teresa, nos lleva a un sentido oculto, que solo se desvela en la propia vida del que las busca, las vive y las pronuncia. Son las palabras mágicas que acuñan el perfil de la oración hecha vida, y no tanto de una «vida de oración». Porque cuando Teresa quiera explicar a qué se refiere, lo hará adentrándose en el secreto del amor, de un amor que especificará como «fraterno», «humilde» y «desasido», y que parece sacado de la primera carta a los Corintios: «El amor es comprensivo, el amor es servicial y no tiene envidia; el amor no presume ni se engríe, no es maleducado ni egoísta; no se irrita, no lleva cuentas del mal; no se alegra de la injusticia, sino que goza con la verdad. Disculpa sin límites, cree sin límites, aguanta sin límites. El amor no pasa nunca» (1 Cor 13,4-8). Y este es el marco donde Teresa de Jesús pronuncia esas palabras, preñadas de sentido. Pero ahora volvamos sobre ellas, intentando penetrar su secreto.

2. El marco teresiano: la oración

Teresa de Jesús es quien ha acuñado esta expresión: «Una determinada determinación». Y lo hace en referencia al orante, a la persona que va a dedicar su vida a la oración. Ella nos dará unas consignas, pues tiene experiencia de la dificultad que hay en esta empresa. Lo hace fundamentalmente en su libro *Camino de perfección*, que es el catecismo de la oración teresiana; dedica expresamente el capítulo 23 a este tema, aunque ya en los capítulos anteriores viene preparando el terreno. Curiosamente, no comienza hablando inmediatamente de la oración.

Para Teresa es claro que no hay oración sin vida cristiana, y que esta se encarna y expresa, como acabamos de ver en el capítulo anterior, en las virtudes evangélicas. Recordamos que para Teresa hay tres virtudes necesarias que abren el camino de la oración cristiana: «La una es amor de unas con otras; otra, desasimiento de todo lo criado; la otra, verdadera humildad, que, aunque la digo a la postre, es la principal y las abraza todas» (C 4,4)[29]. Estas tres virtudes son coronadas con la «determinada determinación». Tengamos en cuenta, como apunta Maximiliano Herráiz, que no se trata de otra virtud más, añadida a la tríada mencionada, sino de una actitud radical y decidida, valiente y perseverante, por la que nos entregamos al cultivo de la amistad divina[30]. Es algo necesario, ya que

---

[29] Sobre estas tres virtudes teresianas hemos hablado en el capítulo anterior, en el apartado «Consignas de Teresa de Jesús», al que remitimos para una exposición más detallada.

[30] Cf. M. HERRÁIZ, *Santa Teresa, maestra de espirituales. Nueva comprensión de Teresa de Jesús*, Instituto de Espiritualidad a Distancia (adscrito al Teresianum de Roma), Madrid 2000², 185.

la oración, como la amistad, no se encuentra hecha de la noche a la mañana.

Recordemos la parábola del juez y la viuda del evangelista Lucas (cf. Lc 18,1-8). En ella se insiste en la necesidad de orar con confianza y perseverancia, con la seguridad de que Dios escucha las súplicas del ser humano. Anima a los creyentes a permanecer fieles al Señor, incluso cuando la fe vaya perdiendo importancia en el mundo, como pensaban los primeros cristianos que ocurriría al final de los tiempos. Teresa, como el evangelista, está convencida de que sin esta virtud no se puede llegar hasta el fin sin desfallecer; por eso, podríamos fundir ambos mensajes en uno:

Lucas: «Les decía esta parábola para enseñarles que es necesario orar siempre, sin desfallecer» (Lc 18,1).

Teresa: «Venga lo que viniere, suceda lo que sucediere, trabájese lo que se trabajare, murmure quien murmurare, siquiera llegue allá, siquiera se muera en el camino o no tenga corazón para los trabajos que hay en él, siquiera se hunda el mundo» (C 21,2).

De sobra sabemos que en este camino experimentamos resistencias, dificultades, que algunas veces vienen de fuera, del ambiente no siempre propicio para tal empresa. Somos conscientes de que vivimos «tiempos recios» y de que es preciso nadar contra corriente en muchas ocasiones. A estas dificultades externas hay que añadir otras más sutiles, de carácter interno. Existen dentro de nosotros cadenas que nos atan y limitan nuestra libertad para amar, por lo que nos vemos empujados a hacer lo que no queremos, como ya experimentó Pablo.

Ante estos aprietos, el peligro radica en abandonar el camino, en entregar nuestra vida a otras cosas. Teresa nos advierte de que unos lo pueden hacer antes y otros después de haberse iniciado en este camino oracional: «Acaece que, cuando ya con su trabajo —y con harto trabajo— han vencido los primeros enemigos, a los segundos se dejan vencer, y quieren más morir de sed que beber agua que tanto ha de costar. Acabóseles el esfuerzo, faltoles ánimo. Y ya que algunos le tienen para vencer también los segundos enemigos, a los terceros se les acaba la fuerza, y por ventura no estaban dos pasos de la fuente de agua viva, que dijo el Señor a la samaritana que quien la bebiere no tendrá sed» (C 19,2).

Teresa nos previene contra estos peligros, entre otros los miedos y recelos que nos acechan desde fuera. Y en el mismo sentido que los miedos señalados actúan las resistencias al amor que emergen desde dentro de nuestros corazones.

En el *Libro de la vida*, al comenzar el tratadillo de oración, dice así: «Pues hablando ahora de los que comienzan a ser siervos del amor (que no me parece otra cosa *determinarnos* a seguir por este camino de oración al que tanto nos amó), es una dignidad tan grande que me regalo extrañamente en pensar en ella» (V 11,1). «Determinarse» es la consigna clave. Es el punto de partida para quien comienza. Es necesario ánimo para determinarse a procurar con todas sus fuerzas este bien. Más adelante dirá: «Somos tan caros y tan tardíos de darnos del todo a Dios [...]. Así que, porque no se acaba de dar junto, no se nos da por junto este tesoro. [...] Harto gran misericordia hace [Dios] a quien da gracia y ánimo para *determinarse* a procurar con todas sus fuerzas este bien; porque si persevera, no se niega Dios a nadie» (V 11,1.3.4).

Teresa habla siempre por experiencia. Y va dando pequeñas pistas de solución:

> «Hase de notar mucho, y dígolo porque lo sé por experiencia, que el alma que en este camino de oración mental comienza a caminar con *determinación* y puede acabar consigo de no hacer mucho caso ni consolarse ni desconsolarse mucho porque falten estos gustos y ternura o la dé el Señor, que tiene andado gran parte del camino. Y no haya miedo de tornar atrás, aunque más tropiece, porque va comenzado el edificio en firme fundamento» (V 11,13).

Ella, que nos alerta para que no andemos buscando gustos y regalos, también advierte a quienes están con miedo de pensar que no se hace nada cuando no se puede obrar con el entendimiento: «Hemos de pensar que no mira el Señor en estas cosas, que, aunque a nosotros nos parecen faltas, no lo son. Ya sabe su Majestad nuestra miseria y bajo natural mejor que nosotros mismos; y sabe que ya estas almas desean siempre pensar en él y amarle. Esta *determinación* es la que quiere» (V 11,15).

Y nos hace caer en la cuenta de que «en estos principios está todo el mayor trabajo; porque son ellos [los principiantes en la oración] los que trabajan, dando el Señor el caudal, que en los otros grados de oración lo más es gozar» (V 11,5). Es decir, que al comienzo es cuando se pasan los trabajos. Los regalos y mercedes vendrán después; de ahí la importancia de perseverar. Pero, ¡atención!, esto hay que matizarlo. Lo haremos más adelante.

En *Camino de perfección* vuelve insistentemente sobre el mismo tema, resaltando esta actitud imprescindible para quien comienza un camino de oración. En el primer capítulo pone de manifiesto su preocupación por los grandes problemas de la Iglesia de aquel momento y, al mismo tiempo, sus grandes deseos y la imposibilidad de poder hacer algo fuera de llorar con el Señor y suplicarle que remediase tanto mal. Es entonces cuando toma una «determinación»:

> «Y, como me vi mujer y ruin e imposibilitada de aprovechar en lo que yo quisiera en el servicio del Señor, y toda mi ansia era, y aún es, que, pues tiene tantos enemigos y tan pocos amigos, que esos fuesen buenos, *determiné* a hacer eso poquito que era en mí, que es seguir los consejos evangélicos con toda la perfección que yo pudiese y procurar que estas poquitas que están aquí hiciesen lo mismo, confiada en la gran bondad de Dios, que nunca falta de ayudar a quien por él *se determina* a dejarlo todo» (C 1,2).

Aquí vemos cómo, antes de determinarse a orar, está el determinarse a vivir. No se pueden separar oración y vida; de ahí que ella vaya preparando el terreno de aquellas que, siendo «tales cuales yo las pintaba en mis deseos», estuvieran «todas ocupadas en oración por los que son defendedores de la Iglesia y predicadores y letrados que la defienden», de manera que «ayudásemos en lo que pudiésemos a este Señor mío» (*ibidem*).

Más adelante, cuando hable del desasimiento –en concreto, del desasimiento de la familia– dará una bella consigna. No está la cosa en huir del mundo, aunque hacen bien los que huyen de sus tierras si eso les vale, dirá. La cosa está «en que *determinadamente* se abrace el alma con el buen Jesús, Señor nuestro, que, como allí lo halla todo, lo olvida todo» (C 9,5). Con esto ya no necesitaríamos decir más sobre el tema. La raíz y la fuerza de la «determinada determinación» están aquí, como iremos viendo.

Cuando habla del desasimiento de uno mismo (difícil tarea, por cierto), uno de los temas fuertes es la enfermedad y la muerte. Conoce por experiencia nuestra flaca naturaleza, y se da cuenta de la atadura tan grande que es caer en sus redes. De ahí la firmeza en las expresiones: «*Determinaos*, hermanas, que venís a morir por Cristo y no a regalaros por Cristo» (C 10,5). Y en otro momento: «Si no nos *determinamos* a tragar de una vez la muerte y la falta de salud, nunca haremos nada [...]. Y creed que esta *determinación* importa más de lo que podemos entender; porque de muchas veces que poco a poco lo vayamos haciendo, con el favor del Señor, quedaremos señoras de él. Pues vencer un tal enemigo es gran negocio para pasar en la batalla de esta vida. Hágalo el Señor como puede. Bien creo no entiende la ganancia sino quien ya goza de la victoria» (C 11,4.5).

Seguidamente se expresará en términos drásticos, llevándonos hasta el límite: «Pelead como fuertes hasta morir en la demanda, pues no estáis aquí a otra cosa sino a pelear. Y con ir siempre con esta *determinación* de antes morir que dejar de llegar al fin del camino, si os llevare el Señor con alguna sed en esta vida, en la que es para siempre os dará con toda abundancia de beber, y sin temor que os ha de faltar» (C 20,2).

El fin del camino, como ya hemos apuntado y ella misma nos dirá, es llegar a beber de la fuente de agua viva. Pero para esto «importa mucho, y el todo, una grande y muy *determinada determinación* de no parar hasta llegar a ella, venga lo que viniere, suceda lo que sucediera, trabájese lo que se trabajare, murmure quien murmurare, siquiera llegue allá, siquiera se muera en el camino o no tenga corazón para los trabajos que hay en él, siquiera se hunda el mundo, como muchas veces acaece con decirnos: "Hay peligros", "Fulana por aquí se perdió", "El otro se engañó", "El otro, que rezaba mucho, cayó", "Hacen daño a la virtud", "No es para mujeres, que les podrán venir ilusiones", "Mejor será que hilen", "No han menester esas delicadezas", "Basta el paternóster y avemaría"» (C 21,2).

Aunque a lo largo del *Camino* ha ido apareciendo de forma discreta esta virtud de la determinación, es en el capítulo 23 donde Teresa habla expresamente de ella. Reza así su título: «Trata de lo que importa no tornar atrás quien ha comenzado camino de oración, y torna a hablar de lo mucho que va en que sea con *determinación*».

Comienza Teresa dando unas razones para demostrar lo que importa comenzar el camino con esta gran determinación.

a) Primera. «La una es que no es razón que, a quien tanto nos ha dado y continuo da, que una cosa que nos queremos determinar a darle, no se lo dar con toda determinación, sino como quien presta una cosa para tornarla a tomar» (C 23,1). Teresa nos dice que no valen las niñerías de dar y quitar aquello poquito que entregamos, como es nuestro tiempo de oración: «Pues ¿qué menos merece este Señor, para que burlemos de él, dando y tomando una nonada que le damos?» (C 23,2).

Por el comentario que hace más tarde al volver sobre el mismo tema, sabemos que este tipo de burlas le recuerda a nuestra escritora los duros momentos de la pasión de Jesús, donde tantos escarnios y burlas le hicieron. Parece como si tuviera esto presente cuando dice a las monjas: «No son estas burlas para con quien le hicieron tantas por nosotros; aunque no hubiera otra cosa, no es razón burlemos ya tantas veces» (C 32,8). Sin embargo, todo esto le sirve para hacer un esbozo del rostro de Dios, que coincide plenamente con el del Dios de la Biblia.

Entregar nuestro tiempo del todo a Dios no significa para Teresa que debamos desatender algunas ocupaciones justas, o que debamos culparnos por cualquier indisposición que nos lo impida, porque «no es nada delicado mi Dios: no mira en menudencias» (C 23,3). Incluso llega a sugerir que quien no tenga corazón para dar, por lo menos que preste, que haga algo, porque «todo lo toma en cuenta este Señor nuestro» (*ibidem*).

Y continúa con esta bella descripción de Dios: «A todo hace como lo queremos. Para tomarnos cuenta no es nada menudo, sino generoso; por grande que sea el alcance, tiene él en poco perdonarle. Para pagarnos es tan mirado que no hayáis miedo que un alzar de ojos con acordarnos de él deje sin premio» (*ibidem*).

b) Segunda. La segunda razón que apunta Teresa para ensalzar la determinación es «porque el demonio no tiene tanta mano para tentar. Ha gran miedo a ánimas *determinadas*» (C 23,4). Aquí percibimos el contraste con la anterior, que se propone destacar, como hemos visto, la generosidad y la misericordia de Dios, que se derraman a raudales sobre sus hijos. Por poca rendija que le abramos, el Señor se desliza por ella. Parece como si anduviera mirando y remirando para pagarnos con generosidad, disimulando nuestras culpas y pecados. Aquí, en esta segunda razón, aparece el demonio, también con todo su poderío y sus malas artes, mirando y remirando para ver si encuentra alguien a quien devorar, como leemos en la primera carta de Pedro (cf. 1 Pe 5,8). El ángel del mal no mira para perdonar sino para acusar, porque, como dice el libro del Apocalipsis, él es «el acusador de nuestros hermanos» (Ap 12,10).

De ahí que la determinación sea en este caso como una especie de escudo protector contra el que el demonio lanza sus flechas incendiarias. Porque, como acabamos de ver, y esto Teresa lo sabe por experiencia, tiene miedo de personas determinadas «y si conoce a uno por mudable y que no está firme en el bien y con gran *determinación* de perseverar, no le dejará a sol ni a sombra» (C 23,4). Esta consigna vale también contra el demonio de la cobardía, contra el demonio de los propios miedos, pues la determinación es una coraza contra la propia fragilidad.

c)   Tercera. La tercera razón es que la determinación impulsa al orante a pelear con más ánimo: «Ya sabe que, venga lo que viniere, no ha de tornar atrás [...]

y no teme tanto los golpes, porque lleva adelante lo que le importa la victoria y que le va la vida en vencer» (C 23,5). Volvemos de nuevo a la pelea, a la lucha que implica la batalla de la vida. Si, como los soldados, no estamos decididos a darlo todo por la victoria, el miedo se apodera de nosotros. Aquí la ascesis de la voluntad se convierte en fortaleza para la vida.

¿No tiene esto algo que ver con aquella apremiante exhortación, que encontramos en la carta a los Hebreos, a resistir activamente y perseverar en el combate de la fe? Utilizando la imagen de la carrera en el estadio, su autor nos invita a despojarnos del obstáculo fundamental, el pecado, para poder correr libremente en busca de la meta y de la victoria, o, lo que es lo mismo, al encuentro con Cristo. El texto de la carta a los Hebreos no puede ser más explícito: «Liberémonos de todo impedimento y del pecado que continuamente nos asedia, y corramos con constancia en la carrera que se abre ante nosotros, fijos los ojos en el que inició y completa nuestra fe, Jesús [...]. Fijaos en aquel que soportó tan gran contradicción de parte de los pecadores, para que no desfallezcáis perdiendo el ánimo» (Heb 12,1-3). Así, fijos los ojos en Jesús, nuestra victoria, pelearemos con más ánimo.

Ocurre que a veces no bastan nuestras determinaciones, nuestros propósitos: «¡Oh, Señor de mi alma y bien mío! ¿Por qué no quisisteis que, en determinándose un alma a amaros, con hacer lo que puede en dejarlo todo para mejor se emplear en este amor de Dios, luego gozase de subir a tener este amor perfecto?» (V 11,1). La respuesta podríamos darla cada uno de nosotros. Sería fácil decir, y en parte es así: «Porque no nos entregamos del todo». Pero habría una segunda pregunta: ¿por qué no nos entregamos del todo?

3. Una intuición personal: dejarse seducir

Lo estamos viendo: Teresa ha presentado la vida de oración como un camino hacia la fuente, en el que uno de los peligros es tirar la toalla por cansancio, por falta de fuerza, y esto, quizás, estando tan solo a unos metros de la fuente. Pues bien, la fuente no es sino Jesús mismo. Él es la «fuente de agua viva», pero él es también el camino que conduce a esa fuente. Y como es la fuente y también el camino, ya en el camino vamos bebiendo de esa agua fresca.

Antes dije que había que matizar algo. Se trata de esto: importa mucho hacer un esfuerzo de la voluntad para no desistir del camino ante los obstáculos que nos encontremos, y claro que importa mucho. Pero ¡atención!: la «determinada determinación» no se consigue a fuerza de brazos, a base de esfuerzos... La «determinada determinación», si es que hay que conseguirla a fuerza de algo, es justamente a fuerza de *seducción*. «Me has seducido, Señor, y yo me dejé seducir», nos dirá Jeremías. Si Jeremías ha podido superar el sufrimiento de todo tipo inherente a su vocación de profeta, ha sido por la fuerte experiencia de Dios en su vida: «Me has seducido, Señor, y yo me dejé seducir; me has violentado y me has podido» (Jr 20,7). Dios violenta seduciendo. Lo importante, dice Teresa, es «que *determinadamente* se abrace el alma con el buen Jesús, Señor nuestro, que, como allí lo halla todo, lo olvida todo» (C 9,5). Lo que importa, repito, es beber cuanto antes de la fuente. Esa agua viva será la fuerza para acometer todo tipo de obstáculos, todo tipo de atractivos.

Esto lo sabe muy bien Teresa. De ahí su pregunta: «¿Para qué pensáis, hijas, que he pretendido declarar el fin y mostrar el premio antes de la batalla, con deciros el bien que trae consigo llegar a beber de esta fuente celestial, de esta agua viva? Para que no os congojéis del trabajo y contradicción que hay en el camino, y vayáis con ánimo y no os canséis; porque, como he dicho, podrá ser que después de llegadas, que no os falta sino bajaros a beber en la fuente, lo dejéis todo y perdáis este bien, pensando no tendréis fuerza para llegar a él y que no sois para ello» (C 19,14).

En el monte Carmelo el profeta Elías había preguntado al pueblo: «¿Hasta cuándo andaréis cojeando de las dos piernas? Si el Señor es Dios, seguidle; y si lo es Baal, seguidle a él» (1 Re 18,21). El pecado de los israelitas no fue tanto apartarse de Dios cuanto poner los ojos en otros dioses junto a Yahvé. Cuando entraron en Canaán, se sintieron seducidos por la religión cananea. Cayeron en la tentación de acudir a los dioses cananeos, particularmente Baal, dios de la fecundidad, para implorar la bendición sobre sus campos. En parecidas circunstancias, y refiriéndose a la infidelidad y la indiferencia de Gómer para con su marido y sus hijos, había escrito el profeta Oseas: «Ella no reconocía que era yo quien le daba el trigo, el vino y el aceite» (Os 2,10). En el fondo, ambos episodios bíblicos nos revelan que el pecado de Israel consistió en no fiarse, en no poner toda su confianza en Dios. Los israelitas pudieron pensar entonces algo parecido a lo siguiente: «Yahvé está bien, pero –por si acaso– vamos a implorar al dios Baal, pues necesitamos la lluvia». Esta postura es el reverso absoluto del «solo Dios basta», que proclama a gritos una Teresa seducida y enamorada.

El pecado de los israelitas es nuestro pecado: nadar a dos aguas, querer concertar dos contrarios, no determinarnos de una vez por todas, no elegir con acierto, vivir contemporizando con todo. Elías nos da un toque de alerta en este sentido, aunque no formula un mandato impositivo. Es como si quisiera decirnos «No estéis así, haced experiencia de Dios y seguid el camino verdadero».

San Juan de la Cruz nos dirá magistralmente en el primer libro de la *Subida al Monte Carmelo*: «Porque para vencer todos los apetitos y negar los gustos de todas las cosas, con cuyo amor y afición se suele inflamar la voluntad para gozar de ellos, era menester otra inflamación mayor de otro amor mejor, que es el de su Esposo, para que, teniendo su gusto y fuerza en este, tuviese valor y constancia para fácilmente negar todos los otros. Y no solamente era menester para vencer la fuerza de los apetitos sensitivos tener amor de su Esposo, sino estar inflamada de amor y con ansias»[31]. ¿Se puede decir mejor? Otra inflamación mayor de otro amor mejor; estar inflamada de amor y con ansias.

Nos confiesa Jeremías: «Yo me decía: "No pensaré más en él, no hablaré más en su nombre". Pero era dentro de mí como un fuego devorador encerrado en mis huesos; me esforzaba en contenerlo, pero no podía» (Jr 20,9). Ahora, a renglón seguido, podemos decir: «Venga lo que viniere, suceda lo que sucediere, trabájese lo que se tra-

---

[31] SAN JUAN DE LA CRUZ, *Obras completas*, Monte Carmelo, Burgos 2000⁷, 219.

bajare». Ahora sí, pero no antes. En las confesiones de Jeremías vemos la lucha que sostuvo en su vida: «Yo era como un cordero manso llevado al matadero; no sabía lo que tramaban contra mí. ¡Destruyamos el árbol cuando aún tiene savia, arranquémoslo de la tierra de los vivos, y que no se mencione más su nombre!» (Jr 11,19). «Murmure quien murmure», diría Teresa. Si no nos experimentamos amados, será difícil que nos determinemos a afrontar todos los obstáculos que nos salen al paso. Si no tenemos claro el objetivo, será difícil dejar de mirar hacia los lados.

Todos conocemos la célebre frase de Nietzsche, que luego citará Viktor Frankl: «Quien tiene un *porqué* para vivir encontrará casi siempre el *cómo*»[32]. De nuevo citamos este hermoso versículo de la carta a los Hebreos: «Liberémonos de todo impedimento y del pecado que continuamente nos asedia, y corramos con constancia en la carrera que se abre ante nosotros, fijos los ojos en [...] Jesús» (Heb 12,1s). Esta es la clave: tener fijos los ojos en quien nos ha mirado primero.

Antes he hecho mención de la samaritana, en relación con el agua viva. Ella se esforzaba cada día en ir a sacar agua del pozo de Jacob. Este pozo representa el Antiguo Testamento con sus normas y leyes: una gran riqueza de mandatos, pero incapaces de dar vida. La samaritana se encuentra con Jesús, que representa algo nuevo. Frente al agua sacada laboriosamente de un pozo, está la regalada por Jesús. No fue el agua del pozo de Jacob, las normas y leyes habituales, lo que la hizo cambiar, determinarse. Fue el agua viva de Jesús lo que la transformó, la inflamó.

---

[32] V. FRANKL, *El hombre en busca de sentido*, Herder, Barcelona 1991, 81.

Teresa lo sabe muy bien, y con un lindo atrevimiento nos dejará constancia de un hecho que el Evangelio no relata:

«Iba esta santa mujer con aquella borrachez divina dando gritos por las calles. Lo que me espanta a mí es ver cómo la creyeron, una mujer; y no debía ser de mucha suerte, pues iba por agua. De mucha humildad, sí; pues cuando el Señor le dice sus faltas, no se agravió (como lo hace ahora el mundo, que son malas de sufrir las verdades), sino díjole que debía ser profeta. En fin, le dieron crédito, y por solo su dicho salió gran gente de la ciudad al Señor» (MC 7,6).

Este pasaje nos evoca a la esposa del Cantar de los Cantares y a María Magdalena. Si fueron capaces de determinarse a dejar otros amores, es porque se inflamaron de «otra inflamación mayor de otro amor mejor», que diría san Juan de la Cruz. Lo he dicho y lo repito: lo importante es gustar, inflamarnos de ese amor mejor, y eso será lo que nos dé la fuerza para determinarnos a pasar todos los «fuertes y fronteras» que nos salgan al paso, todos los trabajos, sin volver la vista atrás.

Tenemos a la esposa del Cantar de los Cantares cuando iba en busca del amado, diciendo: «Me encontraron los centinelas que rondaban por la ciudad; me golpearon, me hirieron, me quitaron el velo los centinelas de la muralla» (Cant 5,7). Tenemos a Pablo soportando una lista de padecimientos por el Evangelio, entre ellos el de los treinta y nueve azotes de rigor. Estos personajes, como tantos otros, nos dan testimonio y nos dicen el secreto que guardan: de dónde les vino la fuerza para no tornar atrás. Ellos tenían fijos los ojos en el Amado, Jesús, como vamos a ver en Teresa.

4. En primera persona

Teresa nos cuenta, a propósito de su lucha vocacional: «Y aunque no acababa mi voluntad de inclinarse a ser monja, vi era el mejor y más seguro estado. Y así, poco a poco, *me determiné* a forzarme para tomarle» (V 3,5). Esa determinación la lleva a cabo violentando su voluntad. El impulso final para decírselo a su padre lo recibe a través de la lectura de las *Epístolas* de san Jerónimo, que «me animaban, de suerte que *me determiné* a decirlo a mi padre, que casi era como tomar el hábito» (V 3,7). Un padre de quien era muy querida y que, por lo visto, no dio su brazo a torcer: «En ninguna manera lo pude acabar con él [...]. Lo que más se pudo acabar con él fue que, después de sus días, haría lo que quisiese» (*ibidem*).

En esta encrucijada teme volver atrás, y repite la misma estrategia de su infancia, aquella del episodio soñado de fugarse con su hermano Rodrigo a tierra de moros, a pesar de que entonces no le valió. Es así como de nuevo trama otra huida, esta vez al convento de la Encarnación «para ser monja»: «En estos días que andaba con estas *determinaciones*, había persuadido a un hermano mío a que se metiese fraile, diciéndole la vanidad del mundo, y concertamos entrambos de irnos un día muy de mañana al monasterio» (V 4,1). Al fin consigue lo que quiere, pero paga un alto precio, porque honestamente reconoce que «no había amor de Dios que quitase el amor de padre y parientes» (*ibidem*). Y tiene que «hacerse una gran fuerza» (violentarse) para alcanzar su meta. Ya no es solo el gasto del esfuerzo, sino el terrible sufrimiento emocional de la separación: «Acuérdaseme –a todo mi parecer y con verdad– que, cuando salí de casa de mi padre, no creo será más el sentimiento cuando me muera; porque me parece cada hueso se me apartaba por sí» (*ibidem*).

Este esfuerzo grande, esta determinación, es gratificada por el Señor: «En tomando el hábito, luego me dio el Señor a entender cómo favorece a los que se hacen fuerza para servirle, la cual nadie no entendía de mí, sino grandísima voluntad» (V 4,2). Y seguirá narrando el contento y la alegría de tener aquel estado y la libertad que experimentará al coger una escoba para barrer, comparándolo con el tiempo en que solía ocuparse de sus galas: «Cuando de esto me acuerdo, no hay cosa que delante se me pusiese, por grave que fuese, que dudase de acometerla. Porque ya tengo experiencia en muchas que, si me ayudo al principio a *determinarme* a hacerlo [...], paga su Majestad por unas vías que solo quien goza de ello lo entiende. Esto tengo por experiencia, como he dicho, en muchas cosas harto graves» (*ibidem*). Y más tarde, con «gran *determinación* y contento» (V 4,3), sellará su alianza con Dios por la profesión. He aquí a Teresa decidida y sin temores: «Porque estaba tan puesta en ganar bienes eternos que por cualquier medio *me determinaba* a ganarlos» (V 5,2).

Sin embargo, ocurre algo en la existencia de Teresa de Jesús: aparece en su vida otra presencia (el mundo, las vanidades...). Su gran batalla de *determinaciones* será ahora el problema afectivo, que va a adquirir dimensiones casi dramáticas cuando se concrete en personas. Y así, el amar a Dios «con todo el corazón, con toda el alma y con todas las fuerzas» de la primera hora de su vida se irá diluyendo. No es que Teresa se olvide de su Señor, sino que junto a él aparecen otros señores. La división, interna y externa, no puede ser más fuerte: «Pasaba una vida trabajosísima, porque en la oración entendía más mis faltas. Por una parte, me llamaba Dios; por otra, yo seguía al mundo. Dábanme gran contento todas las cosas de Dios; teníanme atada las del mundo. Parece que quería concertar estos dos contrarios, tan enemigo uno de otro, como es vida espiritual y contentos y gustos y pasatiempos sensuales» (V 7,17).

Y claro, se da una crisis de totalidad en la entrega. Porque la oración es exigencia de totalidad: «¡Ay de mí, Criador mío, que, si quiero dar disculpa, ninguna tengo! Ni tiene nadie la culpa sino yo; porque, si os pagara algo del amor que me comenzasteis a mostrar, no le pudiera yo emplear en nadie sino en vos, y con esto se remediaba todo» (V 4,4).

Desde este momento se alternarán determinaciones y dudas, pero Teresa se ve atada, sin libertad: «Ni bastaban *determinaciones* ni fatiga en que me veía para no tornar a caer en poniéndome en la ocasión. Parecíanme lágrimas engañosas» (V 6,4). Y nos dirá cuán perdida vida comenzó a tener: «Pues así comencé, de pasatiempo en pasatiempo, de vanidad en vanidad, de ocasión en ocasión, a meterme tanto en muy grandes ocasiones y andar tan estragada mi alma en muchas vanidades, que ya yo tenía vergüenza de en tan particular amistad, como es tratar de oración, tornarme a llegar a Dios» (V 7,1).

Ella misma se daba cuenta de que no vivía: «Deseaba vivir –que bien entendía que no vivía, sino que peleaba con una sombra de muerte– y no había quien me diese vida, y no la podía yo tomar; y quien me la podía dar tenía razón de no socorrerme, pues tantas veces me había tornado a sí y yo dejádole» (V 8,12). Pero también se daba cuenta de su impotencia: «Háceme estar temerosa lo poco que podía conmigo y cuán atada me veía para no *me determinar* a darme del todo a Dios» (V 9,8). Ella calificará este periodo de «una guerra tan penosa» (V 8,2).

5.   Desvelándonos el secreto

Pero un día ocurre algo. Teresa se encuentra con Cristo, con un Cristo muy llagado. Y el milagro surge porque de pronto cae en la cuenta, toma conciencia, pone los ojos en él y, cual otra Magdalena, se arroja a sus pies. Allí precisamente, a sus pies, dejó la confianza en sí misma para ponerla en Dios. Ahí es donde decidió no levantarse hasta no estar determinada a cambiar. Y ella misma nos dirá: «Creo, cierto, me aprovechó, porque fui mejorando mucho desde entonces» (V 9,3). Teresa puso los ojos en el Cristo que desde siempre los tenía puestos en ella, y a partir de ese momento las determinaciones ya no eran tan costosas. Seguirá teniendo muchas dificultades, pero empezará a dejar de cojear con los dos pies, que diría Elías. Su vida, como la nuestra, está llena de determinaciones, pero dentro de la «gran determinación», y esta solo se puede realizar si el Señor nos regala experimentar su amor infinito: «No temas, que yo te he rescatado, te he llamado por tu nombre y eres mío. Si atraviesas las aguas, yo estaré contigo; los ríos no te anegarán. Si pasas por el fuego, no te quemarás» (Is 43,1s).

Sin embargo, aún no está todo hecho. Teresa tiene una viva experiencia de que en nuestra determinación profunda se esconde un componente de gracia. Han caído las cadenas externas que venía arrastrando hasta no poder enderezarse, pero aún quedan las cadenas internas, más sutiles, algo de lo que ya ella misma se había hecho consciente: «Vi que no tenía fuerza mi alma para salir con tanta perfección a solas, por algunas aficiones que tenía a cosas que, aunque de suyo no eran muy malas, bastaban para estragarlo todo» (V 23,5). Teresa se siente cansada, desanimada, no puede más: «Porque ya yo misma lo había procurado, y era tanta la pena que me daba que, como cosa que me parecía no era inconveniente, lo dejaba» (V 24,7).

Será su nuevo confesor, el padre Prádanos, quien con buena mano prepare a Teresa, la gran orante, para el encuentro definitivo: «Él me dijo que lo encomendase a Dios unos días y rezase el himno de *Veni, Creator*, porque me diese luz de cuál era lo mejor» (V 24,5).

Y con gran fuerza y emoción nos dice Teresa cómo «habiendo estado un día mucho en oración y suplicando al Señor me ayudase a contentarle en todo, comencé el himno y, estándole diciendo, me vino un arrebatamiento tan súbito que casi me sacó de mí, cosa que yo no pude dudar, porque fue muy conocido. Fue la primera vez que el Señor me hizo esta merced de arrobamientos. Entendí estas palabras: "Ya no quiero que tengas conversación con hombres sino con ángeles"» (V 24,5). Y nos va describiendo lo que sintió, y nos dirá cómo «desde aquel día yo quedé tan animosa para dejarlo todo por Dios como quien había querido en aquel momento; que no me parece fue más dejar otra a su sierva. Así que no fue menester mandármelo más; que, como me veía el confesor tan asida en esto, no había osado *determinadamente* decir que lo hiciese. Debía aguardar a que el Señor obrase, como lo hizo» (V 24,7).

Aquí vemos a Teresa con fuerza para determinarse a dejarlo todo por Dios. En un instante pudo hacer lo que antes, por más que quería, no podía: «Ya yo misma lo había procurado, y era tanta la pena que me daba que, como cosa que me parecía no era inconveniente, lo dejaba. Ya aquí me dio el Señor la libertad y fuerza para ponerlo por obra. Así se lo dije al confesor, y lo dejé todo conforme a como me lo mandó. Hizo harto provecho a quien yo trataba ver en mí esta *determinación*» (*ibidem*).

Esta *determinación* es de la que venimos hablando. La «determinada determinación» en el plano afectivo (dejarse seducir, enamorarse) no la consiguió Teresa con sus propias fuerzas, pero sí la consiguió abandonándose al Señor, estando en oración, rezando el *Veni, Creator*. Así se dispuso para que Dios la sedujera.

Y la conclusión es magistral: «Sea Dios bendito por siempre, que en un punto me dio la libertad que yo, con todas cuantas diligencias había hecho muchos años había, no pude alcanzar conmigo, haciendo hartas veces tan gran fuerza que me costaba harto de mi salud. Como fue hecho de quien es poderoso y Señor verdadero de todo, ninguna pena me dio» (V 24,8).

En el capítulo 22 del *Libro de la vida*, en un momento dado, cuando espontáneamente dialoga con el padre García de Toledo, dirá: «Así que vuestra merced, señor, no quiera otro camino, aunque esté en la cumbre de contemplación. Por aquí va seguro. Este Señor nuestro es por quien nos vienen todos los bienes; él le enseñará. Mirando su vida, es el mejor dechado. ¿Qué más queremos de un tan buen amigo al lado, que no nos dejará en los trabajos y tribulaciones, como hacen los del mundo?» (V 22,7).

Pero será en las quintas Moradas donde acontezca la entrega de la voluntad (la determinada determinación) sin forcejeos, sin violencia interna, con todo el agrado con el que un enamorado se entrega a su enamorada. Ahí, en las quintas Moradas, Jesucristo nos enseñará a cumplir la voluntad del Padre. Orando en el monte de los Olivos, aprendió a obedecer y a abandonarse en las manos del Padre. El huerto de los Olivos aparece como el escenario de toda una vida entregada. Hacer la voluntad del Padre incluye, por supuesto, aceptar el sufrimiento: «No se haga mi voluntad sino la tuya» es, por antonomasia, la oración de las quintas Moradas.

«Determinada determinación» tiene que ver, pues, con fidelidad, con entrega, con dejarse seducir. Ella ha descubierto que Dios siempre ha sido fiel y esto la conmueve. Hemos visto que la primera razón que nos da en el *Camino de perfección* para determinarnos es la exigencia del amor que recibimos. Merece una entrega total aquel que se nos ha entregado del todo.

Y vuelve sobre el tema en el capítulo 32, al comentar el Padre nuestro. Dice en el título: «Que trata de estas palabras del paternóster: *Fiat voluntas tua sicut in coelo et in terra*, y lo mucho que hace quien dice estas palabras con toda *determinación*, y cuán bien se lo paga el Señor». Aquí dice algo parecido a lo que ya había dicho, pero ahora refiriéndose a la entrega de la voluntad: «Así que, hermanas, [...] procurad no sean palabras de cumplimiento las que decís a tan gran Señor [...]. Démosle ya una vez la joya del todo, de cuantas acometemos a dársela [...]. A las veces, no solo acometemos a dar la joya, sino ponémosela en la mano y tornámosela a tomar» (C 32,7.8). Nuestra fatalidad es, como continúa diciendo Teresa, que «somos francos de presto, y después tan escasos que valdría en parte más que nos hubiéramos detenido en el dar» (C 32,8).

A cambio, tenemos la certeza de que «su Majestad nunca se cansa de dar» (C 32,12).

6. Es cuestión de amor

Creo que ya nos lo ha dicho con el gracejo de sus palabras llenas de sentido, pero, recapitulando, ofrezco una vez más el contenido de la «determinada determinación» teresiana a través de una de sus poesías. Determinarse determinadamente es solo cuestión de amor.

> *Ya toda me entregué y di,*
> *y de tal suerte he trocado*
> *que mi Amado es para mí*
> *y yo soy para mi Amado.*

> Cuando el dulce Cazador
> me tiró y dejó herida,
> en los brazos del amor
> mi alma quedó rendida;
> y, cobrando nueva vida,
> de tal manera he trocado,
> *que mi Amado es para mí*
> *y yo soy para mi Amado.*

> Hiriome con una flecha
> enherbolada de amor,
> y mi alma quedó hecha
> una con su Criador;
> ya yo no quiero otro amor,
> pues a mi Dios me he entregado,
> *y mi Amado es para mí*
> *y yo soy para mi Amado.*

(P 3).

4

La aventura del camino: Pablo y Teresa

En el juego teológico en el que «la Palabra se hace carne», pudiendo así hablar con nosotros de lo que ha oído del Padre (cf. Jn 15,15), nace y se consolida el Camino (Jesús) que todos debemos seguir. Un Camino transformador que nos conduce hacia la Vida, novedad suprema dentro de la vida cotidiana.

Todos guardamos en nuestra memoria fechas tan importantes que somos capaces de atesorarlas en los repliegues más íntimos de nuestro ser, fechas que están al resguardo del paso del tiempo. Todos podríamos recordar algunas de ellas, si el susurro de una voz indiscreta cortara nuestro silencio con una pregunta...

Y también existen acontecimientos en la vida de algunas personas que dividen en dos partes su existencia, creando un antes y un después. Ellas pueden decir con santa Teresa: «Es otro libro nuevo de aquí adelante, digo otra vida nueva. La de hasta aquí era mía; la que he vivido desde que comencé a declarar estas cosas de oración es que vivía Dios en mí» (V 23,1).

Hablamos justamente, como acabamos de ver en el capítulo anterior, de la fuerza de la seducción, que, después de habernos motivado y sostenido hasta alcanzar el objetivo de ser orantes, conversadores y escuchadores de Cristo, nos aboca, como vamos a ver, a un estilo de vida novedoso y feliz porque hablamos de amor...

Esto es precisamente lo que veremos en dos ejemplos de seducción. Ellos son Pablo de Tarso y Teresa de Ávila, que dan fe de cómo sus vidas quedaron partidas en dos (un antes y un después) al estilo de Jeremías: «Me has seducido, Señor, y yo me dejé seducir; me has violentado y me has podido» (Jr 20,7).

Algo nos ha contado ya Teresa, pero al hacerlo ahora al lado de Pablo se convierte en un plus inigualable.

1.   Y una luz les brilló (cf. Is 9,2)

Fue por el año 36 de nuestra era cuando se dio un cambio total en la vida de san Pablo. Jesús de Nazaret irrumpió súbitamente en su existencia, y a partir de ahí él sintió un desgarrón en su vida. En un instante se desvanecieron todos los valores en que había creído y se iluminaron otros nuevos: «Todo lo que entonces consideraba una ganancia, ahora lo considero pérdida por amor a Cristo. Es más, pienso incluso que nada vale la pena si se compara con el conocimiento de Cristo Jesús, mi Señor» (Flp 3,7s).

En el libro de los Hechos de los apóstoles leemos: «Iba, pues, camino de Damasco, y cuando estaba ya cerca de la ciudad, hacia el mediodía, de repente brilló a mi alrededor una luz cegadora venida del cielo. Caí al suelo y oí una voz que me decía: "Saulo, Saulo, ¿por qué me persigues?". Yo respondí: "¿Quién eres, Señor?". Y me dijo: "¡Yo soy Jesús de Nazaret, a quien tú persigues!"» (Hch 22,6-8).

Dios nace en el hombre que va de camino, o mejor, en el camino del hombre, y así Pablo, que iba camino de Damasco, después de lo sucedido, comienza a ver y abre los ojos, quedando deslumbrado y escuchando en lo íntimo de su ser una voz. Ve y oye.

Si leemos detenidamente las cartas de san Pablo, observamos que el punto de partida de toda su vida cristiana es su experiencia personal de Cristo, una experiencia que desde el principio se va a mantener y a intensificar cada día que pasa. Él tiene clara conciencia de su transformación interior a raíz de su unión con Cristo. Ha dado muerte a la vida antigua y ha comenzado una nueva, la de Cristo resucitado. En este sentido podemos considerarlo un místico: alguien que vive la unión con él. Nada tiene de extraño, pues, la sintonía que quince siglos más tarde sentirá Teresa de Ávila con Pablo de Tarso, sobre el cual dejará escrito: «Miremos al glorioso san Pablo, que no parece se le caía de la boca siempre Jesús, como quien le tenía bien en el corazón» (V 22,7).

También ella, un día del año 1554, tendrá una experiencia que cambiará definitivamente su vida. Situándonos en esa página de su historia íntima, tenemos un antes y un después, lo que precede y lo que sigue. Teresa se encuentra con Cristo: «Acaeciome que, entrando un día en el oratorio, vi una imagen que habían traído allá a guardar, que se había buscado para cierta fiesta que se hacía en casa. Era de Cristo muy llagado y tan devota que, en mirándola, toda me turbó de verle tal, porque representaba bien lo que pasó por nosotros. Fue tanto lo que sentí de lo mal que había agradecido aquellas llagas que el corazón me parece se me partía [...]. Paréceme le dije entonces que no me había de levantar de allí hasta que hiciese lo que le suplicaba» (V 9,1.3).

Por este mismo tiempo la santa comienza a leer las *Confesiones* de san Agustín, con quien empatiza irresistiblemente: «Como comencé a leer las *Confesiones*, paréceme me veía yo allí; comencé a encomendarme mucho a este glorioso santo. Cuando llegué a su conversión y leí cómo oyó aquella voz en el huerto, no me parece sino que el Señor me la dio a mí, según sintió mi corazón. Estuve por gran rato que toda me deshacía en lágrimas y entre mí misma con gran aflicción y fatiga» (V 9,8). Ella atribuye a esta fecha una importancia decisiva.

Ha llegado a la maravillosa tierra de promisión de la «experiencia de Dios». Como si hubiera renacido, con alas y vida nueva, Teresa se siente hostigada dentro de sí misma por el ímpetu de amar y la necesidad de hacer. Bajo esa luz nueva descubre su «castillo interior». Redescubre el sentido de la vida, la belleza de las cosas, la dignidad de cada persona, lo sublime de la amistad, la tabla de los verdaderos valores de todo lo creado. Escribe repetidas veces: «Parece un sueño lo que veo». Como si antes no hubiese visto ni disfrutado de las cosas. También a Pablo le pareció un sueño: una luz, una voz, Jesús de Nazaret. Hay que creer al apóstol cuando dice que «ni la muerte, ni la vida, ni los ángeles, ni cualquiera otra suerte de fuerzas sobrehumanas ni poderes sobrenaturales, ni lo presente, ni lo futuro, ni lo de arriba, ni lo de abajo, ni criatura alguna existente será capaz de separarnos del amor que Dios ha manifestado por medio de Cristo Jesús» (cf. Rom 8,38s). El rayo de gracia del Resucitado ha tenido los efectos de una nueva creación (cf. 2 Cor 4,6).

Sin embargo, hay que dejar claro que Pablo en su andadura no ha partido de cero. Es decir, que el cambio de vida por el que ha pasado no lo realizó un incrédulo que da finalmente con la ruta hacia Dios, como a veces se ha pensado o interpretado. Cierto, a primera vista puede parecer que estaríamos ante uno de los grandes convertidos al cristianismo. Pero en este caso no se trata de la simple conversión de un pecador arrepentido, es mucho más que eso. Estamos ante un hombre lleno de celo por la causa de Dios, un hombre que había tomado en serio como ningún otro las exigencias y promesas del judaísmo. Günther Bornkamm escribe: «El que se encuentra con Cristo crucificado y glorificado es un fariseo orgulloso, para quien su pertenencia al pueblo escogido, la ley de Dios y su propia justicia constituían un imperecedero timbre de gloria»[33].

Por lo tanto, el encuentro con Cristo, lejos de oscurecer su pasado, lo ha iluminado, poniendo las cosas en su sitio. Se le ha abierto un horizonte insospechado, dándole una nueva visión de los hechos, de forma que con una única mirada abarca lo pasado, lo presente y lo futuro. Porque, como dice Agustín Borrell: «Pablo sigue creyendo en el Dios de Israel y mantiene la fe de su pueblo, pero descubre por experiencia que Jesús de Nazaret no supone ningún peligro para la fe en el Dios verdadero, sino que es precisamente el Mesías esperado, el que Dios ha enviado al mundo para salvar a Israel y a la humanidad entera»[34].

Tampoco Teresa parte de cero. Ella está residiendo desde 1535 en el monasterio carmelitano de la Encarna-

---

[33] Cf. M. SALVADOR, *San Pablo. Tesalonicenses y grandes cartas*, PPC, Madrid 1988, 28.

[34] A. BORRELL, «San Pablo, maestro y modelo de Isabel de la Trinidad»: *Revista de Espiritualidad* 66 (2007), 59-95 (la cita en la página 74).

ción. Ha vivido en clausura treinta y dos años. Aquí vivirá sus luchas, sus altos y bajos, sus crisis... y también la enfermedad. ¡Casi veinte años de lucha por abrirse paso y poder caminar!

Pablo recuerda con frecuencia el tiempo anterior a su encuentro con Cristo como un periodo triste: «Habéis oído, sin duda, hablar de mi antigua conducta en el judaísmo: con qué furia perseguía yo a la Iglesia de Dios intentando destrozarla» (Gal 1,13). «Yo, que soy el menor de los apóstoles, indigno de llamarme apóstol por haber perseguido a la Iglesia de Dios» (1 Cor 15,9).

Teresa tampoco se olvidará nunca del tiempo anterior a su encuentro con Cristo, en el que Dios se dirigía a ella a través de acontecimientos de gracia: «No me parece os quedó a vos nada por hacer para que desde esta edad no fuera toda vuestra» (V 1,8).

O ese requiebro del libro de las *Exclamaciones* que es como un eco del «¡Tarde te conocí!» del ya mencionado san Agustín: «¡Oh, qué tarde se han encendido mis deseos y qué temprano andabais vos, Señor, granjeando y llamando para que toda me emplease en vos!» (E 4).

Ella, en cambio, es consciente de que no respondió con una donación total; no entró como debía en el juego de la amistad con Cristo. Por eso dirá:

> «No parece, Dios mío, sino que prometí no guardar cosa de lo que os había prometido, aunque entonces no era esa mi intención. Mas veo tales mis obras después que no sé qué intención tenía, para que más se vea quién vos sois, Esposo mío, y quién soy yo. Que es verdad, cierto, que muchas veces me templa el sentimiento de mis grandes culpas el contento que me da que se entienda la muchedumbre de vuestras misericordias» (V 4,3).

Ambos irán descubriendo la escritura derecha de Dios en sus renglones torcidos y serán capaces de mirar hacia delante: «Yo, hermanos, no me hago ilusiones de haber alcanzado la meta; pero, eso sí, olvidando lo que he dejado atrás, me lanzo de lleno a la consecución de lo que está delante y corro hacia la meta, hacia el premio al que Dios me llama desde lo alto por medio de Cristo Jesús» (Flp 3,13s).

Sin embargo, entre tanto, y a pesar de sus debilidades, Dios los ha elegido como instrumentos a su servicio. El carácter arrollador de la experiencia que han vivido con Cristo se ha transformado en una vocación. En la Biblia, cuando Dios elige a alguien, lo hace para encomendarle una misión. La elección nunca supone un fin en sí misma; es siempre un acontecimiento que apunta hacia un objetivo superior. Israel ha sido elegido para cumplir una misión de cara al resto de las naciones, para ser el pueblo faro de la humanidad entera. Es como una fuente rebosante, de donde la bendición divina fluye a todos los pueblos. Pablo y Teresa también se han sentido llamados a una misión salvadora con respecto a sus hermanos y hermanas. En el libro de los Hechos de los apóstoles leemos algo que el Señor le dice a Ananías (discípulo de Damasco), refiriéndose a Pablo: «Este es un instrumento elegido para llevar mi nombre a todas las naciones, a sus gobernantes y al pueblo de Israel» (Hch 9,15).

Así ocurre con Teresa, por medio de la cual la bendición divina llegará a muchas personas. Esto es precisamente lo que el padre Cetina, en una intuición profética, imagina que se hará realidad en un futuro. De ahí sus consejos: «... que en ninguna manera dejase la oración, sino que me esforzase mucho, pues Dios me hacía tan particulares mercedes; que qué sabía si por mis medios quería el Señor hacer bien a muchas personas, y otras cosas (que parece profetizó lo que después el Señor ha hecho conmigo); que tendría mucha culpa si no respondía a las mercedes que Dios me hacía» (V 23,16).

2. A su sombra vendrán a anidar toda clase de pájaros (cf. Ez 17,23)

Entre los libros del Nuevo Testamento hay uno, los Hechos de los apóstoles, que bien podríamos comparar con el de las *Fundaciones* de Teresa de Jesús, para darnos cuenta de lo que los une a pesar de todas sus diferencias. Cabe contemplar estas dos obras en paralelo. Y es que, tanto en uno como en otro, vamos a ver que Dios está detrás del telón y es quien maneja los hilos.

Es curioso observar cómo el Evangelio de Lucas está concebido como una obra en movimiento continuo hasta lograr su objetivo: el Evangelio viaja, en la persona de Jesús, hasta su plena manifestación en Jerusalén. Igualmente, advertimos que en Hechos sigue viajando hasta los confines de la tierra, en la persona de Pablo. A su vez, nosotros podríamos añadir que Teresa de Jesús lo continuará por toda la geografía española. Y aunque «por su propio pie no llegó a África, meta soñada para su primera fuga, ni a Portugal, ni al País Vasco, ni a tierras valencianas, desde donde la llamaron para fundar, ni tanto menos a Roma o a las Américas, hacia donde tantas veces la impulsaron sus deseos, esos países los recorrerá a través de sus hijas y de sus escritos»[35].

---

[35] T. ÁLVAREZ - F. DOMINGO, *Inquieta y andariega. La aventura de Teresa de Jesús*, Monte Carmelo, Burgos 1981, 5.

Al comienzo del libro de los Hechos, Jesús resucitado, en la sobremesa con sus discípulos, les traza el programa misionero: «Vosotros recibiréis la fuerza del Espíritu Santo, que vendrá sobre vosotros, y seréis mis testigos en Jerusalén, en toda Judea, en Samaría y hasta los confines de la tierra» (Hch 1,8). Tarea de los apóstoles será dejarse guiar por el Espíritu como testigos de Jesús. El mensaje llegará hasta los confines del mundo, representados en el libro de los Hechos por la ciudad de Roma.

También al comienzo del libro de las *Fundaciones* aparece ante los ojos de Teresa un misionero: fray Alonso Maldonado. Después de oírle, nos dirá: «Clamaba a nuestro Señor, suplicándole diese medio cómo yo pudiese algo para ganar algún alma para su servicio» (F 1,7). Siempre tuvo una gran envidia de los misioneros, aunque pasasen mil muertes, dirá. Y aquí, como en tiempos antiguos, también el clamor de Teresa llegó hasta el Señor, como el de los israelitas en el libro del Éxodo (cf. Ex 3,7s). También Teresa nos dice: «Pues andando yo con esta pena tan grande, una noche, estando en oración, representóseme nuestro Señor de la manera que suele y, mostrándome mucho amor, a manera de quererme consolar, me dijo: "Espera un poco, hija, y verás grandes cosas"» (F 1,8). El programa ya lo tenía Jesús, pero fue necesario mostrárselo a Teresa poco a poco.

En los primeros capítulos del libro de los Hechos, Lucas presenta con alegría y entusiasmo algunos aspectos de la vida de la primitiva comunidad cristiana. Oraban, compartían los bienes, promovían acciones extraordinarias, vivían la pobreza de forma especial: «Todos los creyentes vivían unidos y lo tenían todo en común. Vendían sus posesiones y haciendas y las distribuían entre todos, según las necesidades de cada uno. Unánimes y constantes, acudían diariamente al templo; partían el pan en las casas y compartían los alimentos con alegría y sencillez de corazón» (Hch 2,44-46).

Y Teresa, en el primer capítulo de las *Fundaciones*, nos da testimonio de la alegría de ser pobres:

> «Su Majestad nos enviaba allí lo necesario sin pedirlo; y cuando nos faltaba, que fue harto pocas veces, era mayor su regocijo. Alababa a nuestro Señor de ver tantas virtudes encumbradas, en especial el descuido que tenían de todo, mas de servirle [...]. Y si alguna vez no había para todas en el mantenimiento, diciendo yo fuese para las más necesitadas, cada una le parecía no ser ella, y así se quedaba hasta que Dios enviaba para todas» (F 1,2).

Continúa el libro de los Hechos: «El grupo de los creyentes pensaban y sentían lo mismo, y nadie consideraba como propio nada de lo que poseía, sino que tenían en común todas las cosas [...]. No había entre ellos necesitados, porque todos los que tenían hacienda o casa las vendían, llevaban el precio de lo vendido, lo ponían a los pies de los apóstoles y se repartía a cada uno según su necesidad» (Hch 4,32.34).

En el capítulo 14 de las *Fundaciones*, Teresa nos cuenta la impresión que le produjo la vida de los primeros descalzos que acababan de comenzar la experiencia de Duruelo. No le parecía otra cosa aquella casa que el portalito de Belén: «Como entré en la iglesita, quedeme espantada de ver el espíritu que el Señor había puesto allí. [...] El coro era el desván, que por mitad estaba alto, que podían decir las horas, mas habíanse de abajar mucho para entrar y para oír misa» (F 14,6.7). Y más adelante, en la fundación de Toledo, ella cuenta cómo, poco a poco, las personas del lugar las fueron proveyendo más de lo que ellas quisieran, y describe lo que experimentaron: «Y es cierto que era tanta mi tristeza que no me parecía sino como si tuviera muchas joyas de oro y me las llevaran y dejaran pobre. Así sentía pena de que se nos iba acabando la pobreza, y mis compañeras lo mismo; que como las vi mustias, les pregunté qué habían, y me dijeron: "¿Qué hemos de haber, madre? Que ya no parece somos pobres"» (F 15,14).

Si los apóstoles iban ganando en confianza entre el pueblo («Alababan a Dios, y se ganaban el favor de todo el pueblo, que los tenía en gran estima. Por su parte, el Señor agregaba cada día los que se iban salvando al grupo de los creyentes», según Hch 2,47), también a las carmelitas les pasaba algo parecido: «Las monjas iban ganando crédito en el pueblo y tomando con ellas mucha devoción, y, a mi parecer, con razón; porque no entendían sino en cómo pudiese cada una más servir a nuestro Señor. [...] Comenzó el Señor a llamar a algunas para tomar el hábito» (F 3,18).

En un ambiente así no es de extrañar que se toque lo infinito, que se dé paso a lo extraordinario, que el misterio se haga presente. Los Hechos dicen de los apóstoles que por medio de ellos «se realizaban muchos signos y prodigios en medio del pueblo» (Hch 5,12). Teresa también asiste a la exuberante cosecha de gracias derramada en sus comunidades. Dice así en el libro de las *Fundaciones*: «Eran tantas las mercedes que les hacía que yo estaba espantada. Sea por siempre bendito, amén» (F 3,18).

Y un poco más adelante vuelve sobre la misma idea: «Pues, comenzando a poblarse estos palomarcitos de la

Virgen nuestra Señora, comenzó la divina Majestad a mostrar sus grandezas en estas mujercitas flacas, aunque fuertes en los deseos» (F 4,5). Pero no se conforma con esto, sino que todavía insiste en los siguientes renglones: «Pues, tornando a lo que decía, [...] son tantas las mercedes que el Señor hace en estas casas que, si hay una o dos en cada una que la lleve Dios ahora por meditación, todas las demás llegan a contemplación perfecta; algunas van tan adelante que llegan a arrobamiento» (F 4,8).

Son los comienzos, el germen de una vida nueva que dará sus frutos.

También comprobaremos que cuanto mayores son los obstáculos, tanto más claramente se pondrá de manifiesto que la acción es de Dios: «¡Oh, válgame Dios! Cuando vos, Señor, queréis dar ánimo, ¡qué poco hacen todas las contradicciones! Antes parece me animó, pareciéndome, pues ya se comenzaba a alborotar el demonio, que se había de servir el Señor de aquel monasterio» (F 3,4).

Veíamos cómo, casi desde el primer momento de su conversión, san Pablo proclama de un modo entusiasta y apasionado el vuelco que ha dado su vida al encontrarse con Cristo y ser seducido por él; de ahí que pronto emprenda la ingente tarea de ir sembrando el Evangelio por los caminos del mundo conocido. Es consciente de que se lanza a una misión que le encarga el mismo Espíritu Santo. «Un día, mientras celebraban la liturgia del Señor y ayunaban, el Espíritu Santo dijo: "Separadme a Bernabé y a Saulo para la misión que les he encomendado". Entonces, después de ayunar y orar, les impusieron las manos y los despidieron» (Hch 13,2s).

Y así empezó la historia, que Hechos nos narra en tres viajes llenos de aventuras:

a) Primer viaje: Chipre, Panfilia y Licaonia. Concluye con el Concilio de Jerusalén, donde se trata el problema de la circuncisión de los paganos convertidos.

b) Segundo viaje: Licaonia, Galacia, Tróade, Macedonia (Filipos, Tesalónica, Berea), Atenas y Corinto. El viaje acaba en Antioquía, pasando por Éfeso.

c) Tercer viaje: Galacia, Éfeso, Macedonia, invierno en Corinto; regreso a Jerusalén, pasando por Macedonia y Mileto. Pablo concluye el viaje en Jerusalén, donde es hecho prisionero.

En todos los viajes parte de Antioquía. Recorre caminos importantes, como la vía Egnatia y la vía Apia. Las condiciones de viaje eran duras, ya fuese a pie o con asnos. Y los peligros de todo tipo por los caminos eran numerosos. Cuando se trataba del mar, las travesías dependían del capricho del viento; por eso en invierno se evitaban los grandes viajes. El capítulo 27 de los Hechos de los apóstoles ofrece una descripción de todos estos peligros, como más adelante veremos. Pablo no está solo, sino que aparece siempre rodeado de un buen número de colaboradores, pues no puede dejar de transmitir a otros lo que ha visto y oído. Los nombres principales de estos compañeros de misión son: Bernabé, Juan Marcos, Silas, Timoteo, Lucas, Epafrodito, Andrónico, Epafras y Tíquico. También aparecen como colaboradoras algunas mujeres: Dámaris, Lidia, Priscila, Febe, María, Trifosa y Trifena, Junia, Ninfa, Evodia, Síntique...

A su vez, Teresa se pone en marcha, accionada por un resorte interior: su experiencia de Dios. Y comienza a entender una palabra del Señor que en su momento no supo interpretar: «Espera un poco, hija, y verás grandes cosas». Ella comenta: «Quedaron tan fijadas en mi corazón estas palabras que no las podía quitar de mí. Y aunque no podía atinar, por mucho que pensaba en ello, qué podría ser, ni veía camino para poderlo imaginar, quedé muy consolada y con gran certidumbre que serían verdaderas» (F 1,8).

Pasado medio año, el padre general de los carmelitas visita Ávila, concediendo a Teresa poderes para que funde más Carmelos (femeninos) en Castilla. A esta luz interpretará Teresa aquellas palabras del Señor. En las fundaciones se cumple esa promesa que un día oyó de labios de Cristo. Y así vemos a Teresa: viajera, líder de un grupo de mujeres y hombres, iniciadora de un nuevo estilo de vivir lo cristiano en comunidad, maestra de espiritualidad para las y los seguidores, apóstol.

Si de san Pablo conocemos tres viajes apostólicos, Teresa de Jesús, probablemente sin pensar en este paralelismo, después de la primera fundación en su Ávila natal, hará tres salidas fundacionales:

a) Primera: Medina del Campo, Malagón, Valladolid, Duruelo (reforma teresiana de los frailes), Toledo, Pastrana (con las comunidades de monjas y frailes), Salamanca y Alba de Tormes.

b) Segunda: Segovia, Beas de Segura y Sevilla (y, por mediación, Caravaca de la Cruz).

c) Tercera: Villanueva de la Jara, Palencia, Soria y Burgos (y, por mediación, Granada).

Al contemplar el mapa de las fundaciones teresianas, nos damos cuenta de que la mayoría de ellas están en Castilla, generalmente en ciudades bien comunicadas y con prosperidad económica, no lejos del casco urbano. Teresa no quería conventos aislados o incomunicados. Otra razón para ello, no menos importante, era su deseo de fundar en pobreza, como hemos visto; por eso, lo idóneo era fundar en plazas donde las limosnas estuvieran aseguradas, y reforzar de ese modo los ingresos provenientes del trabajo manual de las monjas. De ahí que su programa fundacional se organice en torno a una serie de centros relativamente cercanos y bien comunicados: Ávila, Medina del Campo, Valladolid, Palencia, Burgos, Soria, Toledo, Segovia, Salamanca y Alba de Tormes están, con ligeras desviaciones, dentro de la red caminera más densa de Castilla. Por esta razón, esas serán las fundaciones que gocen de la presencia repetida de Teresa.

Por el contrario, las fundaciones de fuera de Castilla serán realizadas con cierta resistencia, por tratarse de lugares apartados. Así nacerán los monasterios de Villanueva de la Jara, Beas de Segura y Sevilla. A Caravaca de la Cruz opta por no ir ella personalmente. Por motivos de salud, y a pesar de estar promovida por san Juan de la Cruz, tampoco acudirá a la fundación de Granada.

La actividad misionera de Pablo tuvo como objetivo principal la fundación de comunidades cristianas. La mayor parte de ellas estaban enclavadas en las regiones costeras del norte del Mediterráneo oriental (Asia Menor y Grecia); dentro, por tanto, del imperio romano. Algunas de ellas (Corinto, Tesalónica, Filipos, ciudades de la región gálata) son las destinatarias de casi todas sus cartas. Tanto Pablo como sus colaboradores procuraron establecer las comunidades cristianas en centros neurálgicos, en ciudades unidas entre sí por una fuerte red de comunicaciones. Esto favorecía el contacto y el diálogo entre las comunidades.

El Evangelio se abre camino en medio de múltiples dificultades, y quizá, cuanto mayores son estas, más va a resplandecer la luz en medio de la oscuridad. De ello, una vez más, nos da testimonio quien lo ha vivido hasta el final.

Uno de los trabajos más duros que sufrieron tanto Pablo como Teresa fue la incomprensión de los hermanos. En el caso de Pablo, de «los de su raza», los judíos. Pablo, en su predicación, comienza siempre por las sinagogas, quienes en general rechazan su mensaje; de ahí que termine yéndose a los paganos. De esto nos queda constancia en el libro de los Hechos: «El sábado siguiente casi toda la ciudad se congregó para escuchar la palabra del Señor. Los judíos, al ver la multitud, se llenaron de envidia, y se pusieron a rebatir con insultos las palabras de Pablo. Entonces, Pablo y Bernabé dijeron con toda valentía: "A vosotros había que anunciaros antes que a nadie la palabra de Dios, pero, puesto que la rechazáis y vosotros mismos no os consideráis dignos de la vida eterna, nos dirigiremos a los paganos"» (Hch 13,44-46).

Incluso llega a decir en la carta a los Romanos algo que nos estremece, sabiendo lo que significaba Cristo para él: «Digo la verdad y no miento, [...] al afirmar que me invade una gran tristeza y es continuo el dolor de mi corazón. Desearía, incluso, verme yo mismo separado de Cristo como algo maldito por el bien de mis hermanos de raza» (Rom 9,1-3).

En cuanto a Teresa, las monjas de la Encarnación, sus hermanas, se sienten humilladas porque piensan que allí en su monasterio también se puede servir a Dios. No entienden ni aprueban la conducta de Teresa al fundar un nuevo convento. Nos lo cuenta ella misma: «Estaba muy malquista en todo mi monasterio, porque quería hacer monasterio más encerrado. Decían que las afrentaba, que allí podía también servir a Dios, pues había otras mejores que yo; que no tenía amor a la casa [...]. Unas decían que me echasen en la cárcel; otras, bien pocas, tornaban algo de mí» (V 33,2). Nada más hacerse la primera fundación, la de San José, la llaman del monasterio de la Encarnación para ser juzgada por su crimen, e incluso la amenazan con arrojarla a la cárcel conventual:

> «Pues pasado esto, queriendo después de comer descansar un poco, [...] como se había sabido en mi monasterio y en la ciudad lo que estaba hecho, había en él mucho alboroto [...]. Luego la prelada me envió a mandar que a la hora me fuese allá. Yo, en viendo su mandamiento, dejo mis monjas harto penadas, y voyme luego [...]. Como llegué y di mi descuento a la prelada, aplacose algo, y todas enviaron al provincial, y quedose la causa para delante de él. Y venido, fui a juicio, con harto gran contento de ver que padecía algo por el Señor» (V 36,11.12).

Más adelante, cuando las flores plantadas en las distintas comunidades paulinas o teresianas empiezan a dar olor, surgen graves peligros. En el caso de Pablo, unos «predicadores del Evangelio» ponen en entredicho la bondad de su anuncio. Es acusado de falsario, de predicar un Evangelio mutilado, de ser un miniapóstol. El auténtico Evangelio es el que manda observar la ley de Moisés, dicen ellos. A Pablo no le importa que le ataquen personalmente, pero le angustia el daño que puede hacerse a las jóvenes comunidades cristianas, algo que queda bien reflejado en estas palabras de Miguel Salvador:

> «La primavera de liberación que un día comenzó a florecer en Galilea puede agostarse antes de dar fruto y los hombres seguiríamos ignorando que no somos esclavos sino hijos de Dios, que a Dios se le debe adorar en espíritu y verdad, que lo importante no es lo que se come o se deja de comer sino lo que se piensa y lo que se quiere, que –en fin– no somos nosotros, sino Dios, el que nos salva»[36].

También Teresa por momentos ve su jardín como «tierra reseca, agostada, sin agua» (cf. Sal 63,2), como si todo su trabajo fuera a irse al traste. Su reforma peligra. Nos dice: «Comenzaron grandes persecuciones muy de golpe a los descalzos y descalzas, que, aunque ya había habido hartas, no en tanto extremo, que estuvo a punto de acabarse todo» (F 28,1). Estando en Sevilla, recibe una orden del capítulo general, celebrado en Piacenza, «no solo para que no fundase más, sino para que por ninguna vía saliese de la casa que eligiese para estar, que es como manera de cárcel» (F 27,20). Estos son tramos del camino en los que, lejos de hundirse, se han arraigado más en Dios.

Pablo, con toda naturalidad, nos habla de sus sufrimientos: «Pues no queremos que ignoréis, hermanos, las tribulaciones que hemos pasado en la provincia de Asia. Nos vimos abrumados tan por encima de nuestras fuerzas que hasta perdimos la esperanza de seguir viviendo. Incluso llegamos a sentirnos inevitablemente sentenciados a muerte; pero así aprendimos a no confiar en noso-

---

[36] M. SALVADOR, *op. cit.*, 96.

tros mismos sino en Dios, que resucita a los muertos» (2 Cor 1,8s). Benedicto XVI comenta: «Y a pesar de todo, experimenta una alegría sin límites; precisamente como quien se ha entregado, quien se ha dado a sí mismo para llevar a Cristo a los hombres, experimenta la íntima relación entre cruz y resurrección»[37].

Teresa, en medio de grandes tribulaciones, es capaz de decir: «Ninguna pena me da, porque veo que todos nuestros negocios parece que van agua arriba y corren mejor que los que parece que van por su curso, porque va Dios mostrando su poder» (carta al padre Ambrosio Mariano, Toledo, 6 de febrero de 1577). Y en otra carta: «De mí le digo que me hizo Dios una merced que estaba como en un deleite: con representárseme el gran daño que a todas estas cosas podía venir, no bastaba, que excedía el contento» (carta a María Bautista, Sevilla, 29 de abril de 1576).

Las dolorosas incomprensiones de los de cerca y los de lejos, el miedo a que la primavera de gracias se agoste antes de florecer, van a ser duras dificultades en el camino trazado por el Resucitado. Pero no solo eso, sino también las duras fatigas con los medios que tenían para realizar la tarea encomendada. Parece que les estemos oyendo hablar a ellos cuando nos dicen:

Pablo: «Los viajes han sido incontables; con peligros al cruzar los ríos; peligros provenientes de salteadores, de mis propios compatriotas, de paganos; peligros en la ciudad, en despoblado, en el mar; peligros por parte de falsos hermanos. Trabajo y fatiga, a menudo no-

---

[37] BENEDICTO XVI, *Jesús de Nazaret*, La Esfera de los Libros, Madrid 2007, 100.

ches sin dormir, hambre y sed, muchos días sin comer, frío y desnudez. Y a todo esto añádase la preocupación diaria que supone la solicitud por todas las Iglesias» (2 Cor 11,26-28).

Teresa: «No pongo en estas fundaciones los grandes trabajos de los caminos, con fríos, con soles, con nieves, que venía vez no cesarnos en todo el día de nevar, otras perder el camino, otras con hartos males y calenturas» (F 18,4). «Íbamos en carros, muy cubiertas, que siempre era esta nuestra manera de caminar; y, entradas en la posada, tomábamos un aposento, bueno o malo, como le había» (F 24,5). «Aunque no se caminaba las siestas, yo os digo, hermanas, que, como había dado todo el sol a los carros, que era entrar en ellos como en un purgatorio» (F 24,6).

Sigue Pablo: «En toda ocasión nos comportamos como ministros de Dios, aguantando mucho, sufriendo, pasando estrecheces, angustias; soportando azotes, prisiones, tumultos, duros trabajos, noches sin dormir, días sin comer» (2 Cor 6,4s).

Se podrían trenzar algunos versículos del capítulo 27 de los Hechos de los apóstoles con pasajes del libro de las *Fundaciones*, especialmente del capítulo 31, que recogen experiencias de peligro físico por las que pasaron Pablo y Teresa, y que bien pueden resumir otras tantas clases de peligros a los que se enfrentaron. Sirvan como muestra los siguientes textos:

Fundaciones: «Fue, cierto, ordenación de Dios, porque los caminos estaban tales que eran las aguas muchas

[...], en especial desde Palencia a Burgos, que fue harto atrevimiento salir de allí cuando salimos» (F 31,16).

Hechos: «La navegación era peligrosa, porque estaba ya entrado el otoño. Pablo se lo advertía diciendo: "Amigos, creo que la navegación va a traer peligros y grave daño, no solo para el cargamento y la nave sino también para nuestras vidas"» (Hch 27,9s).

Fundaciones: «Verdad es que nuestro Señor me dijo que bien podíamos ir, que no temiese, que él sería con nosotros, aunque esto no lo dije yo al padre provincial por entonces. Mas consolábame a mí en los grandes trabajos y peligros que nos vimos, en especial un paso que hay cerca de Burgos, que llaman unos pontones, y el agua había sido tanta, y lo era muchos ratos, que sobrepujaba sobre estos pontones tanto que ni se parecían ni se veía por dónde ir, sino todo agua, y de una parte y de otra está muy hondo. En fin, es gran temeridad pasar por allí, en especial con carros, que, a trastornar un poco, va todo perdido, y así el uno de ellos se vio en peligro» (F 31,16).

Hechos: «Pero al poco tiempo se desencadenó un viento huracanado, el llamado euroaquilón. La nave fue arrastrada y, no pudiendo resistir al viento, nos dejamos ir a la deriva» (Hch 27, 14s). «Mejor habría sido, amigos, haberme hecho caso y no haber partido de Creta; no habríamos sufrido tanto peligro y tanto daño. De todos modos, os aconsejo que tengáis buen ánimo, porque ninguno de vosotros perderá la vida. Pues esta noche se me ha aparecido un ángel [...] y me ha dicho: "No temas, Pablo; tienes que comparecer ante el césar, y Dios te concede también la vida de todos lo que navegan contigo". Por tanto, amigos, ¡ánimo! Yo tengo fe en Dios de que sucederá tal como se me ha dicho. Iremos a parar a alguna isla» (Hch 27,21-26).

Fundaciones: «Tomamos una guía en una venta que está antes, que sabían aquel paso; mas, cierto, él es bien peligroso. Pues las posadas, como no se podían andar jornadas a causa de los malos caminos, que era muy ordinario anegarse los carros en el cieno, habían de pasar de unas bestias al otro para sacarles» (F 31,17).

Hechos: «Era la noche decimocuarta y seguíamos a merced del viento por el Adriático, cuando, a medianoche, los marineros presintieron la proximidad de tierra. Echaron la sonda y había veinte brazas; volvieron a echarla un poco más adelante y había quince. Entonces, temiendo chocar contra algún escollo, echaron a popa cuatro anclas, esperando con ansia que se hiciera de día» (Hch 27,27-29).

Fundaciones: «Porque verse entrar en un mundo de agua sin camino ni barco, con cuanto nuestro Señor me había esforzado, aun no dejé de temer; ¿qué harían mis compañeras? Íbamos ocho: dos que han de tornar conmigo y cinco que han de quedar en Burgos, cuatro de coro y una freila [...]. Con este mal camino llegamos a Burgos, por harta agua que hay antes de entrar en él» (F 31,17.18).

Hechos: «Cuando se hizo de día, no reconocieron la tierra; pero, al ver una ensenada que tenía playa, intentaron dirigir hacia ella la nave todo lo posible. Soltaron las anclas y las dejaron caer al mar, aflojando a la vez las amarras de los timones. Luego izaron la vela de proa y, con el viento a su favor, se dirigieron a la playa [...]. De esta forma todos llegamos a tierra sanos y salvos» (Hch 27,39s.44).

Teresa y Pablo, cuando se han decidido con todas sus consecuencias a caminar, han encontrado dificultades, pero en medio de ellas han recibido ese aliento que Dios siempre está dispuesto a ofrecer a quien se lo pide. Teresa, ante el peligro, escucha que no tema, que él está con ella y no le pasará nada. Una palabra muy bíblica, que se repite una y otra vez. También Pablo escucha esa misma palabra; tiene que comparecer ante el césar, es decir, tiene que llegar hasta la meta: Roma.

Que puede haber obstáculos en el camino, en nuestros caminos, eso lo constatamos a cada paso; incluso a veces podemos tener la sensación de que nos perdemos y sufrir así la tentación de decir: «¡Basta, Señor!». Pero siempre, cuando mayor es la dificultad, aparece la palabra de Dios que nos conforta. Esa palabra que es alimento y nos dice: «Levántate y come, pues te queda todavía un camino muy largo» (1 Re 19,7).

Sería bueno tener en cuenta que la dificultad, la dureza del camino, no tiene la última palabra. Al final siempre hay una puerta abierta a la esperanza, según Teresa:

«Mas el Señor, que nunca me faltó –que, en todos estos trabajos que he contado, hartas veces me consolaba y esforzaba, que no hay para qué lo decir aquí–, me dijo entonces que no me fatigase, que yo había mucho servido a Dios y no ofendídole en aquel negocio [...]. Quedé tan consolada y contenta que me parecía todo nada la persecución que había sobre mí» (V 33,3).

Y en su última fundación, la de Burgos, cuando se hallaba rodeada de dificultades –el arzobispo no da la licencia, no encuentra casa, Gracián se marcha, etc.–, entonces descubre que hay alguien que nunca se marcha, que no la deja sola, y que una vez más se hace presente, la conforta y la anima: «Estando en esta aflicción, y mis compañeras la tenían mucha, sin estar en oración, me dice nuestro Señor estas palabras: "Ahora, Teresa, ten fuerte"» (F 31,26). Estas palabras del Señor la consuelan, la animan y la fortalecen para ir terminando la obra que él había comenzado.

En el caso de Pablo, ya hemos visto cómo cree firmemente en que la palabra de Dios se cumplirá: «Por tanto, amigos, ¡ánimo! Yo tengo fe en Dios de que sucederá tal como se me ha dicho» (Hch 27,25). Y esto le fortalece en esa «noche oscura» en que la tempestad arrecia y parece que la nave va a ser llevada a merced del viento. En medio de ese desconcierto, hay una palabra que anima, conforta y restablece a quien se fía de ella.

En el capítulo 23 de Hechos vemos que, después de haberse producido un altercado entre fariseos y saduceos, lo bajan para llevarlo al cuartel, y el texto nos dice cómo «a la noche siguiente se le apareció el Señor y le dijo: "¡Ánimo!, pues, como has dado testimonio de mí en Jerusalén, así debes darlo también en Roma"» (Hch 23,11). Y así Pablo llega a Roma, y el libro de los Hechos de los apóstoles termina diciendo: «Podía anunciar el Reino de Dios y enseñar cuanto se refiere a Jesucristo, el Señor, con toda libertad y sin obstáculo alguno» (Hch 28,30). Y dan ganas de decir: colorín colorado... Así Lucas puede poner punto final a su obra: se ha cumplido el programa asignado por Jesús resucitado en aquella sobremesa con sus discípulos.

Santa Teresa, al final de su carrera fundacional, oye del Señor: «"¿En qué dudas? Que ya esto está acabado; bien te puedes ir" [...]. Y luego traté de mi partida, porque me parecía que ya no hacía nada aquí» (F 31,50). Recordemos un momento a Ezequiel, quien nos transmite, como profeta que es, las confidencias de Dios:

«Esto dice el Señor Dios: "También yo había escogido una rama de la cima del alto cedro y la había plantado; de las más altas y jóvenes ramas arrancaré una tierna y la plantaré en una montaña alta de Israel, echará brotes y dará fruto. Y se hará un cedro magnífico. A su sombra vendrán a anidar toda clase de pájaros, anidarán al abrigo de sus ramas"» (Ez 17,22s).

Nosotros hemos podido comprobar cómo del gran cedro[38] del convento de la Encarnación y del gran cedro del judaísmo se han desgajado unas tiernas ramas, que posteriormente se han convertido cada una de ellas en un magnífico cedro, de espléndido ramaje y espesa sombra, donde vendrán a anidar todas las aves del cielo. Y así, el nombre de los elegidos, Teresa y Pablo, dura para siempre.

---

[38] El cedro era la criatura más grande del reino vegetal conocida en el mundo bíblico. El profeta Ezequiel nos hará ver, de parte de Dios, lo que llegará a ser una tierna rama desgajada del gran cedro. Jesús, en el Evangelio, al hablar del Reino de Dios, irá más allá cuando establezca una bella comparación entre el árbol más grande y la semilla más pequeña (cf. Mt 13,31s). Justo ahí, en la pequeñez de la semilla de mostaza, es donde radica la fuerza de la parábola evangélica, que en Teresa es el convencimiento de «hacer eso poquito que era en mí» (C 1,2).

> «¡Qué bellas son tus tiendas, Jacob,
> y tus moradas, Israel!
> Son como torrentes que se alargan,
> como jardines junto al río,
> como áloes plantados por el Señor,
> como cedros junto a la corriente»
>
> (Nm 24,5s).

Hechos 28 y *Fundaciones* 31 son un punto de llegada, pero también un punto de partida. Si alguien desea seguir sus huellas, ya puede navegar, que encontrará estelas en la mar, como decía el poeta.

5

El fuego del Amor

«Quiero compartir mis reflexiones, de las que estoy reple-
ta como luna llena» (cf. Eclo 39, 12). Con estas palabras
del autor del Eclesiástico, que hago mías, comparto yo
también mis reflexiones.

Escuchadme: si este mismo autor, Ben Sirá, allá por
el siglo II a de C. compuso un himno en el que elogiaba a
aquellos personajes que a lo largo de la historia israelita
manifestaron la gloria de Dios, creo que nosotros hoy, en
el siglo XXI, podríamos componer otro no menos importante elogiando a la serie ilustre de nuestras antepasadas,
en las que también se mostró la obra de Dios en toda su
grandeza y esplendor.

Así, también podríamos decir:

> «Hagamos el elogio de las mujeres ilustres,
> de la serie de nuestras antepasadas.
> Hubo mujeres honradas, cuyas virtudes
> no han sido olvidadas.
> Unas guiaron a las gentes con sus consejos,
> con la inteligencia de su sabiduría.
> Otras, con sus escritos,
> dejaron un inmenso legado para la Iglesia.
> Otras, con su destreza, tuvieron grandes

dotes de organización.
Otras fueron expertas en música,
en labores manuales y otros trabajos.
Otras fundaron órdenes religiosas y conventos,
en los que muchas las siguieron.
Una rica herencia nacida de ellas
pervive en sus sucesoras.
Sus cuerpos fueron sepultados en paz
y su apellido vive por generaciones.
Los pueblos proclaman su sabiduría
y la asamblea celebra su alabanza»

(cf. Eclo 44,1-15).

Una de esas mujeres es, sin duda, Teresa de Jesús: mujer, santa, sabia, prudente, fundadora, escritora... Una mujer capaz de inspirar siempre a quien se acerca a ella, ya sea por su franqueza, por su humanidad, por su sabiduría o por esa razón personal que cada cual puede haber tenido al encontrarse con su persona. Vamos a detenernos en su mundo interior, y para ello contemplaremos la obra que Dios hizo en su vida, la transformación que obró en ella.

Sabemos que en un primer momento se siente envuelta en ímpetus, en ansias y deseos. La nota dominante será el apasionado «Muero porque no muero». Por el contrario, al final de su vida la vemos envuelta en una gran quietud, paz y sosiego. La nota dominante será el «Hágase tu voluntad». Desde el «Muero porque no muero» hasta el «Hágase tu voluntad» se dará todo un proceso, toda una transformación. Estamos en el paso de las sextas a las séptimas Moradas.

Esto lo podemos percibir en sus escritos, y más en concreto en aquellos en los que, de forma especial, se revela su mundo interior de gracias y mercedes. Hablamos de las *Relaciones* o *Cuentas de conciencia*, el *Libro de la vida* y las *Moradas*.

En Teresa tenemos un buen ejemplo de la inmensa alegría que produce la experiencia íntima de Dios, que la llena de embriaguez, arrobo y éxtasis. Y es que la borrachera es una de las percepciones de lo sacro. Un claro ejemplo lo tenemos en los Hechos de los apóstoles, el día de Pentecostés. La gente, al ver a los apóstoles fuera de sí, no son capaces de comprender; de ahí que algunos, extrañados y perplejos, se pregunten: «"¿Qué significa esto?". Otros, por el contrario, se burlaban y decían: "Están borrachos"» (Hch 2,12s).

Por el contrario, Teresa dirá que estaban llenos del gran *fuego del amor* de Dios. Así lo escribe en el *Libro de la vida*, dirigiéndose al padre García de Toledo: «Mas ¿cómo no son muchos los que por los sermones dejan los vicios públicos? ¿Sabe qué me parece? Porque tienen mucho seso los que los predican. No están sin él, con el gran fuego de amor de Dios, como lo estaban los apóstoles, y así calienta poco esta llama» (V 16,7). Y, refiriéndose a la samaritana, en las *Meditaciones sobre los Cantares* dice: «Iba esta santa mujer con aquella borrachez divina dando gritos por las calles» (MC 7,6).

También ella, sintonizando con los apóstoles, se ha sentido en muchos momentos como «desatinada y embriagada en este amor» (V 16,2). De ahí que, a veces, es como si alzara la voz al estilo de los profetas para comunicar su experiencia, invitando al mismo tiempo a alabar a Dios con ella y a disponerse para participar de esta gran fiesta: «Paréceme que querría dar voces y dar a entender a todos lo que les va en no se contentar con cosas pocas y cuánto bien hay que nos dará Dios en disponiéndonos nosotros» (CC 1,5). Porque, como dirá en las *Moradas*:

> «Es un gozo tan excesivo del alma que no querría gozarle a solas, sino decirlo a todos para que la ayudasen a alabar a nuestro Señor, que aquí va todo su movimiento. ¡Oh, qué de fiestas haría y qué de muestras, si pudiese, para que todos entendiesen su gozo! Parece que se ha hallado a sí y que, como el padre del hijo pródigo, querría convidar a todos y hacer grandes fiestas, por ver su alma en puesto que no puede dudar que está en seguridad, al menos por entonces. Y tengo para mí que es con razón; porque tanto gozo interior de lo muy íntimo del alma, y con tanta paz, y que todo su contento provoca a alabanzas de Dios, no es posible darle el demonio» (6 M 6,10).

A veces es tal la intensidad de esta vivencia que parece confundirse con la esposa del Cantar de los Cantares y con la Magdalena. Esta se ha levantado de madrugada para ir al sepulcro y estar allí con su Señor; al no encontrarlo, se asusta y lo busca frenéticamente: «Echó a correr y fue donde estaban Simón Pedro y el otro discípulo, a quien Jesús amaba, y les dijo: "Se han llevado del sepulcro al Señor y no sabemos dónde lo han puesto"» (Jn 20,2). Una actitud parecida de búsqueda angustiosa es la que constatamos en la Sulamita: «Me levanté y recorrí la ciudad buscando al amor de mi alma; lo busqué y no lo encontré» (Cant 3,2).

Teresa también se levanta buscando al amor de su alma; recorre la ciudad, sus calles y plazas, experimentando que el amor es más fuerte que la muerte: «Viénenme algunas veces unas ansias de comulgar tan grandes que no sé si se podría encarecer. Acaeciome una mañana que llovía tanto que no parece hacía para salir de casa. Estando yo fuera de ella, yo estaba ya tan fuera de mí con aquel deseo que, aunque me pusieran lanzas a los pechos, me parece entrara por ellas, cuánto más agua» (V 39,22). Porque, como bien dice el Cantar de los Cantares: «Las aguas caudalosas no podrían apagar el amor, ni anegarlo los ríos» (Cant 8,7).

La consecuencia de estas íntimas vivencias son los grandes deseos de servir a Dios, de no ofenderlo y de practicar las virtudes, sobre todo la pobreza. También surgen deseos de hacer lo más perfecto en todo. Pero si hay algo que desea vivamente, es esa unión íntima, plena y continua con Dios, para la cual no queda más remedio que pasar por el trance de la muerte. Y como eso no está en su mano, cuando puede, se lo ofrece a Dios: «Y la mayor cosa que yo ofrezco a Dios por gran servicio es cómo, siéndome tan penoso estar apartada de él, por su amor quiero vivir» (CC 3,10). Claro está que esto no siempre es posible, y en ocasiones los deseos la superan: «Son las ansias que tengo por no vivir y parecer que se vive, sin poderse remediar, pues el remedio para ver a Dios es la muerte, y esta no puedo tomarla» (CC 1,4).

De esto también ha dejado constancia en su poesía. Por ejemplo, en la muy célebre *Vivo sin vivir en mí*:

> Vivo sin vivir en mí,
> y tan alta vida espero
> *que muero porque no muero.*

> Aquesta divina unión
> del amor en que yo vivo
> ha hecho a Dios mi cautivo
> y libre mi corazón.

Y causa en mí tal pasión
ver a Dios mi prisionero
que muero porque no muero.

¡Ay, qué larga es esta vida!
¡Qué duros estos destierros,
esta cárcel, estos hierros,
en que el alma está metida!
Solo esperar la salida
me causa dolor tan fiero
que muero porque no muero...

(P 1).

O aquella otra titulada *Ayes del destierro*:

¡Cuán triste es, Dios mío,
la vida sin ti!
Ansiosa de verte,
deseo morir.

Carrera muy larga
es la de este suelo,
morada penosa,
muy duro destierro.
¡Oh dueño adorado,
sácame de aquí!
Ansiosa de verte,
deseo morir...

(P 10).

Pero volvamos a la esposa de los Cantares y a la Magdalena. Cabe observar que tanto en ellas como en Teresa se da una búsqueda intensa, desesperada, sin consuelo, con el corazón en vela, con el alma escapada: «Lo busco y no lo encuentro, lo llamo y no responde» (Cant 5,6).

Cuando María Magdalena descubre que, junto al sepulcro, es el Maestro quien le habla, intenta abrazarlo, retenerlo: «¡*Rabboni*!», como la amada del Cantar: «Encontré el amor de mi alma, lo agarré y ya no lo soltaré» (Cant 3,4). Lo mismo en Teresa: «Son estos deseos de manera que me deshago entre mí, pareciéndome que quiero lo que no puedo» (CC 1,5). Jesús mismo será quien se encargue de mostrar a Teresa y a María que el sueño infinito de Dios no ha hecho más que empezar, que aún verán cosas mayores. De ahí el «Suéltame, porque todavía no he subido a mi Padre» (Jn 20,17) dirigido a María, y el «Espera un poco, hija, y verás grandes cosas» a Teresa (F 1,8).

Espera un poco, Teresa, que Jesús aún te quiere enseñar muchas cosas. Y vemos a Teresa sentada al calor del hogar de Jesús, escuchando los secretos que le comunica: «Había una vez estado así más de una hora, mostrándome el Señor cosas admirables, que no me parece se quitaba de cabe mí» (V 38,3). Pero Jesús no solo le comunica cosas admirables, sino que también la pone ante su verdad:

«Estando una noche en oración, comenzó el Señor a decirme algunas palabras, trayéndome a la memoria por ellas cuán mala había sido mi vida, que me hacían harta confusión y pena; porque, aunque no van con rigor, hacen un sentimiento y pena que deshacen, y siéntese más aprovechamiento de conocernos con una palabra de estas que en muchos días que nosotros consideremos nuestra miseria, porque trae consigo esculpida una verdad que no la podemos negar» (V 38,16).

Y así, viendo consumirse los leños al fuego, Teresa y Jesús pasaron largas horas de la noche en alta conversación. Como otra samaritana, Teresa también ha encontrado un hombre que le dice todo lo que ha hecho: «Me dijo que me acordase cuando parece tenía por honra el ir contra la suya. [...] Que me acordase lo que le debía; que, cuando yo le daba mayor golpe, estaba él haciéndome mercedes» (*ibidem*).

De esta manera, Teresa va haciendo un largo camino al lado de Jesús, quien amorosamente la enseña y convierte en maestra de vida para las nuevas generaciones. Así lo dice en sus escritos: «Muchas cosas de las que aquí escribo no son de mi cabeza, sino que me las decía este mi Maestro celestial» (V 39,8).

Y así, lentamente, será introducida en la mayor gracia que ha recibido, la del «matrimonio espiritual», en 1572. Pero antes el Señor irá preparando su corazón con una serie de gracias, como serán las visiones trinitarias. Aunque no me voy a detener en este tipo de gracias, que se hallan en su mayoría en las *Relaciones* o *Cuentas de conciencia*, sí quiero aportar algo más. Teresa proclama como nosotros el dogma trinitario en la fe de la Iglesia. Pero, después de una fuerte experiencia trinitaria, dirá: «¡Oh, válgame Dios! ¡Cuán diferente cosa es oír estas palabras y creerlas, a entender por esta manera cuán verdaderas son!» (7 M 1,7).

Y al contar esta experiencia en más de una ocasión, dirá que se le representan las tres personas en el interior, donde parece entiende «cómo es Dios trino y uno» (CC 14,1). Establece así una relación especial con cada una de ellas, experimentando una gran mejoría, a la vez que siente que se cumplen en su persona las palabras del Señor: «Entendí aquellas palabras que dice el Señor, que estarán con el alma que está en gracia las tres divinas personas, porque las veía dentro de mí por la manera dicha» (*ibidem*). A partir de este momento la experiencia trinitaria se irá haciendo más frecuente, hasta llegar a ser finalmente habitual.

Estamos en la alta mística, a punto de entrar en la mayor gracia teresiana, y con ella en las séptimas Moradas. Pero antes vamos a detenernos en una gracia que no es tan conocida, porque no la cuenta explícitamente en sus libros, y que, sin embargo, creemos determinante. Dice en la *Cuenta de conciencia* 25: «Día de la Magdalena, me tornó el Señor a confirmar una merced que me había hecho en Toledo, eligiéndome en ausencia de cierta persona en su lugar». Así, sin más, nunca habríamos sabido a qué se refiere con estas palabras. Diego de Yepes, su segundo biógrafo, nos ayuda a entenderla.

Sabemos que Teresa era una gran admiradora de la Magdalena, con quien en buena medida se sentía identificada. Pues bien, hay que decir que en algunos momentos también sentirá celos o «envidia santa» de ella, porque pensaba que era la preferida de Jesús. El Señor, sin embargo, le revela que ella ocupa ahora el lugar que en su día tuvo la Magdalena.

Dice así Diego de Yepes: «Como un día de la Magdalena estuviese la madre con una envidia santa de lo mucho que el Señor la había amado, le dijo: "A esta tuve por amiga mientras estuve en la tierra, y a ti te tengo ahora que estoy en el cielo". Y esta merced le confirmó el Señor después por algunos años el mismo día de la Magdalena»[39].

---

[39] Diego de Yepes, *Vida, virtudes y milagros de la bienaventurada virgen Teresa de Jesús*, Zaragoza 1606, libro I, capítulo 19.

Teresa se siente amada, elegida. Solo cuando nos sentimos amados, somos capaces de cambiar. Esto es lo que justamente sucede en esta gracia. Notemos cómo Teresa ha cambiado por una palabra: «Tú eres mi preferida ahora».

Veíamos a Teresa en los comienzos con unas ansias y deseos grandes de morir. Pues bien, a partir de ese momento ya no deseará morir, sino todo lo contrario: su único deseo es vivir para hacer la voluntad de Dios. Ella misma lo cuenta en varias ocasiones recordando esta gracia: «Estando el día de la Magdalena considerando la amistad que estoy obligada a tener a nuestro Señor, conforme a las palabras que me ha dicho sobre esta santa, y teniendo grandes deseos de imitarla, me hizo el Señor una gran merced y me dijo *que de aquí adelante me esforzase, que le había de servir más que hasta aquí*. Diome deseo de no me morir tan presto, porque hubiese tiempo para emplearme en esto, y quedé con gran determinación de padecer» (CC 33). Y en otra ocasión: «El deseo e ímpetus tan grandes de morir se me han quitado, en especial desde el día de la Magdalena, que determiné de vivir de buena gana por servir mucho a Dios» (CC 18). Este deseo se hará realidad plena al recibir la gracia del matrimonio espiritual, que tendrá lugar un día durante la eucaristía.

Analicemos esta gracia con detenimiento. Se trata de la más importante de todo el camino místico teresiano, la del matrimonio espiritual con Cristo, con la que alcanza las séptimas Moradas. Tiene lugar en la eucaristía (por lo tanto, en ambiente pascual), durante una misa celebrada por san Juan de la Cruz, que en ese tiempo se hallaba de confesor y capellán en la Encarnación. Justo en el momento de la comunión, Teresa siente en su interior que Jesús le da su mano derecha y le ofrece un clavo, símbolo de la pasión. Pero sabemos por el libro de las *Moradas* que Jesús apareció resucitado. El matrimonio supone la transformación en Cristo.

Oigamos a Teresa contarlo en primera persona, a diferencia del libro de las *Moradas*, donde lo narra de forma más impersonal:

«Estando en la Encarnación el segundo año que tenía el priorato, octava de san Martín, estando comulgando, partió la forma el padre fray Juan de la Cruz –que me daba el Santísimo Sacramento– para otra hermana. Yo pensé que no era falta de forma, sino que me quería mortificar, porque yo le había dicho que gustaba mucho cuando eran grandes las formas. [...] Díjome su Majestad: "No hayas miedo, hija, que nadie sea parte para quitarte de mí", dándome a entender que no importaba. Entonces representóseme por visión imaginaria, como otras veces, muy en lo interior, y diome su mano derecha y díjome: "Mira este clavo, que es señal que serás mi esposa desde hoy. Hasta ahora no lo habías merecido; de aquí adelante, no solo como Criador y como Rey y tu Dios mirarás mi honra, sino como verdadera esposa mía. Mi honra es tuya y la tuya, mía". Hízome tanta operación esta merced que no podía caber en mí, y quedé como desatinada, y dije al Señor que o ensanchase mi bajeza o no me hiciese tanta merced; porque, cierto, no me parecía lo podía sufrir el natural. Estuve ansí todo el día muy embebida. He sentido después gran provecho, y mayor confusión y afligimiento de ver que no sirvo en nada tan grandes mercedes» (CC 25).

Dice Secundino Castro que «el matrimonio es una gracia que pone a la persona en el estado supremo de la vida espiritual, pero el Señor repite con santa Teresa el fenómeno varias veces. El culmen de la espiritualidad teresiana manifiesta que su mística se diferencia en gran medida de lo que se entiende por mística universal, ya que la teresiana se identifica con la transformación en Cristo resucitado»[40].

Quizá, al llegar a este punto, convendría preguntarse para qué sirven todas estas gracias y mercedes. Pues bien, Teresa da la respuesta en el libro de las *Moradas*. Pero antes pensemos un momento en el relato evangélico de la transfiguración. Situado entre los dos primeros anuncios de la pasión, este pasaje es una palabra de ánimo para los discípulos, un paréntesis lleno de luz en un contexto de oscuridad. Teresa, como ellos, está haciendo su camino en dificultad, y necesita este mismo ánimo y fortaleza; de ahí su respuesta: «Bien será, hermanas, deciros qué es el fin para que hace el Señor tantas mercedes en este mundo [...], porque no piense alguna que es para solo regalar estas almas, que sería grande yerro [...]; y así tengo yo por cierto que son estas mercedes para fortalecer nuestra flaqueza [...], para poderle imitar en el mucho padecer» (7 M 4,4).

«Para fortalecer nuestra flaqueza». Porque, no lo olvidemos, los cristianos estamos haciendo un largo camino en el que en ocasiones la meta que queremos alcanzar la sentimos muy lejana, y experimentamos cansancio y desánimo. Por eso necesitamos alimento para el camino. Recordemos al profeta Elías cuando, huyendo de Jezabel, se sienta y se queda dormido. Entonces se le aparece un

---

[40] Santa Teresa de Jesús, *Cuentas de conciencia. La otra autobiografía* (edición de Manuel Diego y Secundino Castro), Editorial de Espiritualidad, Madrid 2014, 62 (CC 27).

ángel del Señor presentándole un panecillo y un vaso de agua, al tiempo que le dice: «Levántate y come, pues te queda todavía un camino muy largo» (1 Re 19,7).

Todos a lo largo de nuestra vida experimentamos algo parecido. ¿Quién no se ha sentido tan disgustado alguna vez que apenas podía comer? ¿Quién no ha oído en algún momento palabras como estas, dirigidas a sí mismo o a otros: «Anda, come algo, así no puedes estar todo el tiempo»? Teresa, como cualquiera, sufrió en su vida la oscuridad y el desánimo. Dice así: «Y habiendo estado así harto fatigada, vi que era tarde para hacer colación [...], y así con harta fuerza puse el pan delante para hacérmela para comerlo, y luego se me representó allí Cristo, y parecíame que me partía del pan y me lo iba a poner en la boca, y díjome: "Come, hija, y pasa como pudieres. Pésame de lo que padeces, mas esto te conviene ahora"» (CC 12,3). Esto fue un gran consuelo para ella. Jesús colma sus deseos presentándose como el «pan de vida».

También se puede apreciar alguna resonancia del episodio de Emaús, si bien corregido y aumentado. En el caso de Teresa, Jesús no solo parte el pan, sino que se lo pone en la boca. Además, se queda generosamente con ella «porque verdaderamente me pareció se estaba conmigo, y todo otro día», mientras que en el relato de Emaús parece tener más prisa, hasta el punto de que los dos discípulos le suplican que se quede con ellos, e incluso desaparece al ser reconocido (cf. Lc 24,28s). Pues bien, de alguna manera Teresa nos está confirmando con su experiencia esa palabra del Evangelio en la que Jesús mismo se presenta como el pan de vida: «Yo soy el pan vivo que ha bajado del cielo; el que come de este pan vivirá para siempre» (Jn 6,51).

Pero volvamos a la gracia antes mencionada y que hizo cambiar a Teresa, una gracia que, si bien terminará en el matrimonio espiritual, nació de ciertos sentimientos de celos o «envidia santa». Fijémonos en el eco de estas palabras de Jesús. He juntado, en el texto que sigue, primero las palabras que el Señor le dirige a Teresa al sentir «envidia santa» de la Magdalena y seguidamente las que escucha en el matrimonio espiritual: «A esta tuve por amiga mientras estuve en la tierra, y a ti te tengo ahora que estoy en el cielo». «Mira este clavo, que es señal que serás mi esposa desde hoy. Hasta ahora no lo habías merecido; de aquí adelante, no solo como Criador y como Rey y tu Dios mirarás mi honra, sino como verdadera esposa mía. Mi honra es tuya y la tuya, mía» (CC 25).

Curiosamente, a partir de ahora ya no tiene deseos de morir; solo tiene un deseo, y es ayudar a su esposo, el Crucificado, que le ha entregado el clavo como prenda de amor. También nos deja constancia de esto en el libro de las *Moradas*, aunque de forma más impersonal, como suele hacer en este libro: «Lo que más me espanta de todo es que —ya habéis visto los trabajos y aflicciones que han tenido [estas almas] por morirse, por gozar de nuestro Señor— ahora es tan grande el deseo que tienen de servirle [...] que no solo no desean morirse, mas vivir muy muchos años padeciendo grandísimos trabajos, por si pudiesen que fuese el Señor alabado por ellos [...]. Su gloria tienen puesta en si pudiesen ayudar en algo al Crucificado» (7 M 3,6). ¿No es esto mismo lo que le ocurría a Pablo cuando dice que deseaba partir para estar con Cristo, sabiendo «que es con mucho lo mejor»? Pero también sabía que quedarse en esta vida era más necesario para los hermanos (cf. Flp 1,22-24).

Todo se convierte para nosotros en una llamada a descubrir la forma de ayudar al Crucificado. Teresa tuvo la osadía de preguntarle qué podía hacer por él. En una ocasión, estando en Malagón, sintió mucha pena al contemplar sus heridas. Entonces el Señor le dijo «que no le hubiese lástima por aquellas heridas, sino por las muchas que ahora le daban». Esto da pie para un diálogo entre los dos. Dice Teresa: «Y yo le dije qué podía hacer para remedio de esto, que determinada estaba a todo». El Señor le responde «que no era ahora tiempo de descansar, sino que me diese prisa a hacer estas casas, que con las almas de ellas tenía él descanso» (CC 6).

Las paradojas de Dios continúan. Fundando estas casas para que el Señor tuviese descanso en ellas, también Teresa descansa de sus miedos, fatigas e incertidumbres: «Y así, después que se comenzaron las fundaciones, se me quitaron los temores que antes traía de pensar ser engañada, y se me puso certidumbre que era Dios. Y con esto me arrojaba a cosas dificultosas, aunque siempre con consejo y obediencia» (CC 62).

Llegados a este punto, observamos que se da en ella una unidad de vida, y nos contagia su asombro ante el nuevo estilo de sentir y hacer en armonía, cuando escribe: «Y así fue que en todo se hallaba mejorada, y le parecía que por trabajos y negocios que tuviese, lo esencial de su alma jamás se movía de aquel aposento, de manera que en alguna manera le parecía había división en su alma» (7 M 1,10).

En su testamento espiritual, su última «cuenta de conciencia», dirigida a su amigo el obispo Alonso Velázquez, dirá: «¡Oh, quién pudiera dar a entender bien a vuestra señoría la quietud y sosiego con que se halla mi alma!

[...] Porque, a la verdad, ya en parte no está sujeta a las miserias del mundo como solía; porque, aunque pasa más, no parece, sino que es como en la ropa, que el alma está como en un castillo con señorío, y así no pierde la paz [...]. Los actos y deseos no parece llevan la fuerza que solían, que, aunque son grandes, es tan mayor la que tiene el que se haga la voluntad de Dios...» (CC 66).

Finalmente quiero recalcar un dato: en el libro de las *Fundaciones* parece que se da una especie de «inclusión»[41] entre dos palabras dirigidas por el Señor a Teresa. Al comienzo, en el primer capítulo, dice así: «Pues andando yo con esta pena tan grande, una noche, estando en oración, representóseme nuestro Señor de la manera que suele y, mostrándome mucho amor, a manera de quererme consolar, me dijo: "Espera un poco, hija, y verás grandes cosas". Quedaron tan fijadas en mi corazón estas palabras que no las podía quitar de mí» (F 1,8).

Y ya casi en el último capítulo encontramos otra palabra del Señor: «Una vez, después de comulgar, me dijo el Señor: "¿En qué dudas? Que ya esto está acabado; bien te puedes ir", dándome a entender que no les faltaría [a las monjas] lo necesario [...]. Y luego traté de mi partida, porque me parecía que ya no hacía nada aquí» (F 31,50).

Es evidente que estas palabras están haciendo alusión a hechos concretos: por ejemplo, la primera palabra del

---

[41] Cuando digo «inclusión», pienso en un recurso literario de claro sabor semítico que utilizan con frecuencia los autores bíblicos. Consiste en repetir la misma palabra o frase al comienzo y al final de una composición. Aunque en este caso no es exactamente eso, sí que se da una semejanza, al tratarse de dos palabras del Señor que ella escucha, y las dos tienen una gran relación entre sí, por más que sean el reverso la una de la otra.

Señor («Espera un poco, hija, y verás grandes cosas») se refiere a la visita de aquel misionero, Francisco Maldonado, que tanta inquietud provocó en Teresa al no poder llevar a cabo lo que ella hubiera deseado. Parece un mensaje de salvación al estilo de los profetas. En la segunda palabra del Señor parece que hay una alusión a las dificultades económicas de la fundación de Burgos, por el momento ya solucionadas.

Pero, como ocurre tantas veces en la Biblia, estas dos palabras del Señor a Teresa podrían ser interpretadas, hablando en categorías actuales, con un sentido pleno[42]. Teresa se halla, en el primer caso, viviendo con impaciencia ese anhelo de encuentro con el Señor, y parece que el mismo Señor le hace ver que aún le queda mucho por hacer, que no es tiempo de irse. En el segundo caso, estamos a unos meses de la muerte (se halla en la última fundación) y es como si de alguna manera entendiera que ya ha cumplido su misión.

Esas palabras certeras del Señor al comienzo y al final del libro («Espera, hija» y «Bien te puedes ir») tienen pleno sentido, pues dejan al libro en una inclusión que nos revela que Dios tiene su hora y su momento para cada uno de nosotros.

Al final de nuestro recorrido encontramos a una Teresa transformada, que ha sido capaz de hacer todo un proceso de maduración, en el que ha pasado del «Muero porque no muero» al «Hágase tu voluntad». Al comienzo la veíamos con grandes ímpetus, ansias y deseos de morir para ver a Dios. Ahora la vemos serena, con la paz, la

---

[42] Cf. Pontificia Comisión Bíblica, *La interpretación de la Biblia en la Iglesia*, PPC, Madrid 1994, 81-82.

quietud y el sosiego de quien solo desea hacer la voluntad de aquel a quien ama. Y esto ha sido posible por el hecho de haberse sentido amada de forma única, antes de ser capaz de responder: «Tú vales mucho para mí, eres preciosa y yo te amo» (cf. Is 43,4).

6

Habrá vida allí donde llegue el torrente

Cuando dejamos que la Palabra «se haga carne» en nosotros a través de la acogida y el diálogo con ella (oración), ocurre el milagro de la creación, a semejanza de lo que narra el Génesis cuando nos revela que, a través de la Palabra, Dios va haciendo todas las cosas buenas. Vemos cumplirse literalmente ante nuestros ojos aquello de Isaías: «Haré brotar ríos en cumbres desoladas; en medio de los valles, manantiales. Transformaré el desierto en marisma y el yermo en fuentes de agua» (Is 41,18).

«Pondré en el desierto cedros, acacias, mirtos y olivares; plantaré en la estepa cipreses, junto con olmos y alerces» (Is 41,19). «En ambas riberas del torrente crecerá toda clase de árboles frutales; no se marchitarán sus hojas ni se acabarán sus frutos» (Ez 47,12). «Todo ser viviente, allí donde desemboque la corriente, tendrá vida» (Ez 47,9).

Al hilo de estos textos proféticos de Isaías y Ezequiel, vamos a reflexionar sobre un hecho sucedido en la vida de Teresa, con ocasión del cual esta palabra de Dios se hará realidad en ella. Sigo en este caso un apartado del primer capítulo de mi libro *El telar de la Palabra*[43].

---

[43] Cf. P. Huerta, *El telar de la Palabra. Ecos bíblicos en la autobiografía teresiana*, Editorial de Espiritualidad, Burgos 2016, 24-28.

Al comienzo del capítulo anterior, titulado «El fuego del Amor», nos deteníamos en algo que Teresa le dice al padre García de Toledo: «Mas ¿cómo no son muchos los que por los sermones dejan los vicios públicos? ¿Sabe qué me parece? Porque tienen mucho seso los que los predican. No están sin él, con el gran fuego de amor de Dios, como lo estaban los apóstoles, y así calienta poco esta llama» (V 16,7).

Se puede hablar más alto, pero no más claro. En este capítulo veremos que esto se cumple tan cual en Teresa. Ella, con el gran fuego del amor de Dios, hará que alguien deje los vicios públicos... porque la palabra que se hace palabra en nuestros labios por amor es la espada de doble filo que nunca vuelve vacía a Dios. Y así lo comprobamos en el siguiente episodio de la vida de Teresa de Jesús.

El hecho al que nos referimos sucedió en Becedas, un pueblo situado a unas catorce leguas de Ávila, en la serranía de Béjar, que pertenece a la comarca del Alto Tormes, en la provincia de Ávila (Castilla y León, España).

Recordemos cómo la falta de salud acompañó a Teresa durante toda su vida: «Siempre tenía bien poca salud», nos dirá (V 3,7). A pesar de todo, no parecía temer la enfermedad, siempre y cuando no le faltara la paciencia. De su año de noviciado nos deja este testimonio: «Estaba una monja entonces enferma de grandísima enfermedad y muy penosa [...]. Murió presto de ello. Yo veía a todas temer aquel mal; a mí hacíame gran envidia su paciencia. Pedía a Dios que, dándomela así a mí, me diese las enfermedades que fuese servido» (V 5,2). El Señor, faltaría más, escucha su petición: «También me oyó en esto su Majestad, que antes de dos años estaba tal que, aunque no el mal de aquella suerte, creo no fue menos penoso y trabajoso el que tres años tuve» (*ibidem*).

Ante tal situación, su padre hace todas las diligencias que están en su mano para curarla: «Y como era el mal tan grave que casi me privaba el sentido siempre y algunas veces del todo quedaba sin él, era grande la diligencia que traía mi padre para buscar remedio. Y, como no le dieron los médicos de aquí, procuró llevarme a un lugar adonde había mucha fama que sanaban allí otras enfermedades, y así dijeron harían la mía» (V 4,5). De este modo don Alonso, cual otro Cirineo, comienza su largo viacrucis con la esperanza de encontrar algún alivio para la enfermedad de su hija. Dirigiéndose a Becedas, pone a Teresa en manos de la famosa curandera, con la ilusión de que encuentre la sanación en sus pócimas. Ya el libro del Eclesiástico había dicho muchos siglos antes: «Con los remedios el médico cura o alivia el dolor, con ellos el boticario hace sus mixturas» (Eclo 38,7).

Pero en este caso no solo no encontró la curación deseada, sino que empeoró visiblemente. Así nos lo cuenta ella misma: «Estuve casi un año por allá, y los tres meses de él padeciendo tan grandísimo tormento en las curas que me hicieron tan recias que yo no sé cómo las pude sufrir; y, en fin, aunque las sufrí, no las pudo sufrir mi sujeto, como diré» (V 4,6). Es decir, que la famosa curandera no solo no cura a Teresa, sino que casi la mata. De ahí que don Alonso decida abandonar el lugar: «Con esta ganancia me tornó a traer mi padre adonde tornaron a verme médicos» (V 5,8).

Pero Becedas no solamente ha sido rescatado del silencio por el triste suceso de la curandera. Justamente allí sucedió algo más, mucho más que eso. Desde hacía un tiempo, la fertilidad y la belleza del lugar se habían transformado en aridez, en «tierra reseca, agostada, sin agua» (Sal 63,2). Así se hallaba el pueblo a la llegada de Teresa.

La situación de destierro que ella vivirá allí por aquellos días será la ocasión de ver cumplida la profecía de Isaías: «Haré brotar ríos en cumbres desoladas; en medio de los valles, manantiales. Transformaré el desierto en marisma y el yermo en fuentes de agua» (Is 41,18).

Muchas veces lo hemos oído, pero quizá pocas lo hemos creído: «Porque mis planes no son vuestros planes, vuestros caminos no son mis caminos [...]. Cuanto dista el cielo de la tierra, así distan mis caminos de los vuestros y mis planes de vuestros planes» (Is 55,8s).

Estamos viendo la situación de enfermedad en que se encontraba Teresa cuando decidieron llevarla a ese lugar y lo que allí pasó. Es una situación que en algún momento nos evocará los cantos del Siervo de Yahvé del segundo Isaías: ese siervo que, cargando con las flaquezas y enfermedades de su pueblo, traerá a muchos la salvación y será luz para las naciones.

Teresa: «Estuve en aquel lugar tres meses con grandísimos trabajos, porque la cura fue más recia que pedía mi complexión. A los dos meses, a poder de medicinas, me tenía casi acabada la vida, y el rigor del mal de corazón de que me fui a curar era mucho más recio; que algunas veces me parecía con dientes agudos me asían de él, tanto que se temió era rabia. Con [...] calentura muy continua y tan gastada (porque casi un mes me había dado una purga cada día), estaba tan abrasada que se me comenzaron a encoger los nervios con dolores tan incomportables que día ni noche ningún sosiego podía tener; una tristeza muy profunda» (V 5,7).

Isaías: «Así asombrará a muchos pueblos; ante él los reyes cerrarán la boca, al ver algo inenarrable y comprender algo inaudito» (Is 52,15).

Teresa: «Comenzáronme a crecer los desmayos y diome un mal de corazón tan grandísimo que ponía espanto a quien le veía, y otros muchos males juntos» (V 4,5).

Isaías: «Como muchos se espantaron de él porque desfigurado no parecía hombre, ni tenía aspecto humano...» (Is 52,14).

Reparemos en la expresión de Isaías «muchos se espantaron de él». Y notemos cómo Teresa, refiriéndose al mal de corazón, dice que «ponía espanto a quien le veía». Estamos ante un tema profundamente bíblico. Dios elige la pobreza, la debilidad, para llevar a otros la salvación, la bendición. Porque, como veremos, estas heridas son sanadoras.

Teresa, en esta situación de debilidad y pobreza en que se encuentra, busca desahogarse y hallar algún alivio y ¿en quién mejor podría encontrarlo que en el cura del pueblo? Pero veamos lo que le sucedió.

Teresa: «Aquí comenzó el demonio a descomponer mi alma, aunque Dios sacó de ello harto bien. Estaba una persona de la iglesia, que residía en aquel lugar adonde me fui a curar, de harto buena calidad y entendimiento. Tenía letras, aunque no muchas. Yo comenceme a confesar con él» (V 5,3).

Isaías: «Y yo pensaba: "En vano me he cansado, en viento y en nada he gastado mis fuerzas"» (Is 49,4).

Teresa descubre una situación muy delicada y dolorosa. Don Pedro Hernández, párroco de dicha localidad, está pasando un mal momento.

Teresa: «Pues, comenzándome a confesar con este que digo, él se aficionó en extremo a mí, porque entonces tenía poco que confesar para lo que después tuve, ni lo había tenido después de monja [...], y así era mucha la conversación [...] y con la gran voluntad que me tenía, comenzó a declararme su perdición. Y no era poca» (V 5,4).

Isaías: «El Señor Dios me abrió el oído; yo no resistí ni me eché atrás» (Is 50,5).

Teresa: «Había casi siete años que estaba en muy peligroso estado, con afición y trato con una mujer del mismo lugar, y con esto decía misa. Era cosa tan pública que tenía perdida la honra y la fama, y nadie le osaba hablar contra esto. A mí hízoseme gran lástima, porque le quería mucho [...]. Procuré saber e informarme más de personas de su casa. Supe más la perdición, y vi que el pobre no tenía tanta culpa; porque la desventurada de la mujer le tenía puestos hechizos en un idolillo de cobre que le había rogado le trajese por amor de ella al cuello; y este nadie había sido poderoso de podérsele quitar» (V 5,4.5).

Quiero que reparemos en estas dos expresiones sobre las que volveremos más tarde: «... por amor de ella al cuello» y «este nadie había sido poderoso de podérsele quitar».

Este es el panorama que encuentra Teresa (una joven de 24 años y enferma) a su llegada a Becedas. La que iba pidiendo auxilio se dispone a darlo. La que iba esperando ser curada será quien cure a otro.

Isaías: «El Señor Dios me ha dado una lengua de discípulo, para saber decir al abatido una palabra de aliento» (Is 50,4).

¿Tendrá suficiente fuerza para tal empresa? Solo hay una respuesta posible que nos satisfaga plenamente. La clave la encontrará en la oración, como ella misma nos ha dicho refiriéndose a este momento.

Situémonos en la coyuntura en la que estamos. Teresa es monja del convento de la Encarnación, donde lleva poco tiempo. Acaba de hacer la profesión. Poco después cae enferma y su padre decide llevarla a Becedas, a la famosa curandera. Los acompaña una monja amiga suya, Juana Juárez. Dice así: «Estuve casi un año por allá [...]. Había de comenzarse la cura en el principio del verano, y yo fui en el principio del invierno. Todo este tiempo estuve en casa de la hermana[44] que he dicho que estaba en la aldea, esperando el mes de abril, porque estaba cerca, y no andar yendo y viniendo» (V 4,6).

Continúa Teresa:

«Cuando iba, me dio aquel tío mío que tengo dicho[45] que estaba en el camino, un libro: llámase *Tercer abecedario*, que trata de enseñar oración de recogimiento; y puesto que este primer año había leído buenos libros (que no quise más usar de otros, porque ya entendía el

---

[44] Su hermana era María de Cepeda, que vivía en Castellanos de la Cañada.

[45] Pedro Sánchez de Cepeda, hermano de su padre.

daño que me habían hecho), no sabía cómo proceder en oración ni cómo recogerme, y así holgueme mucho con él y determineme a seguir aquel camino con todas mis fuerzas. [...] Comenzó el Señor a regalarme tanto por este camino que me hacía merced de darme oración de quietud, y alguna vez llegaba a unión [...]; me parece traía el mundo debajo de los pies [...]. Procuraba lo más que podía traer a Jesucristo, nuestro bien y Señor, dentro de mí presente, y esta era mi manera de oración» (V 4,7).

A la luz de este texto podríamos calificar este viaje como «un viaje de bodas», porque, como acabamos de ver, la gracia se derramó en ella a raudales. A partir de ahora el Señor la acompañará no solo yendo a su lado sino haciéndose presente en su mismo corazón, como nos acaba de decir. Descubre la oración como un «tratar de amistad» con Jesús.

Podemos decir que una luz ha brillado en ella. De ahí que su palabra sea «como una lámpara que brilla en un lugar oscuro hasta que despunte el día» (2 Pe 1,19).

Isaías: «Te hago luz de las naciones, para que mi salvación alcance hasta el confín de la tierra» (Is 49,6).

Teresa: «Pues como supe esto, comencé a mostrarle más amor» (V 5,6).

El cura queda confundido, según dice ella misma: «Mas mis tratos entonces, con el embebecimiento de Dios que traía, lo que más gusto me daba era tratar cosas de él; y como era tan niña, hacíale confusión [al cura] ver esto» (V 5,4).

Pensemos un momento en la situación del pobre don Pedro. Dependiente de la relación con una mujer que lo tenía sometido desde hacía siete años. Probablemente estuviera «cansado» de la situación, pero se sentía incapaz de dejar a aquella seductora, aunque supiera que peligraba su alma, y no digamos su honra, que andaría rodando por los suelos como una pelota. Y es que, en una sociedad como la que le tocó vivir, era difícil que encontrara a alguien con quien poder hablar antes de que apareciera Teresa, cuando él era el que estaba supuestamente por encima y para ayudar a los demás.

Pero ocurre el milagro y aparece Teresa, y don Pedro, al contemplarla tan enferma y tan sin vida, pero al mismo tiempo tan deseosa de Dios, experimentará que sus heridas se están curando. Y así, después de un −no sé si largo o corto− proceso, se rinde y cae a los pies de Teresa: «Tratábale muy ordinario de Dios. Esto debía aprovecharle, aunque más creo le hizo al caso el quererme mucho; porque, por hacerme placer, me vino a dar el idolillo, el cual hice echar luego en un río» (V 5,6).

Es así como Teresa lo puso de nuevo en el buen camino. Y así concluye la historia:

> «Quitado este [el idolillo], comenzó −como quien despierta de un gran sueño− a irse acordando de todo lo que había hecho aquellos años; y espantándose de sí, doliéndose de su perdición, vino a comenzar a aborrecerla. Nuestra Señora le debía ayudar mucho, que era muy devoto de su concepción, y en aquel día hacía gran fiesta. En fin, dejó del todo de verla [a la mujer] y no se hartaba de dar gracias a Dios por haberle dado luz. A cabo de un año en punto, desde el primer día que yo le vi, murió. Y había estado muy en servicio de Dios [...]. Tengo por

cierto está en carrera de salvación. Murió muy bien y quitado de aquella ocasión. Parece quiso el Señor que por estos medios se salvase» (*ibidem*).

Teresa alaba la misericordia de Dios, que se sirvió de ella para devolver al buen redil al pastor en estado espiritual de perdición y condenación. Estas son las ganancias de ese viaje de bodas y de su flamante desposorio.

Así lo expresa certeramente Secundino Castro cuando dice: «En este contexto, la conversión del cura de Becedas se entiende como el primer fruto de este desposorio» (refiriéndose a *Vida* 5,4-6). A este respecto, los versos del *Cántico espiritual* de Juan de la Cruz nos explican bien su significado:

> «De flores y esmeraldas,
> en las frescas mañanas escogidas,
> haremos las guirnaldas,
> en tu amor florecidas
> y en un cabello mío entretejidas».

Es el primer hijo de Teresa, engendrado en este viaje de novios. A la par que el enamoramiento de Jesucristo nació en su corazón «la sed de almas, el apostolado, sobre todo el de los sacerdotes»[46].

1. Unas breves reflexiones

Probablemente algunas personas del lugar tuvieron la misma tentación que los discípulos de Jesús en la curación del

---

[46] S. Castro, *El fulgor de la palabra. Nueva comprensión de Teresa de Jesús*, Editorial de Espiritualidad, Madrid 2012, 48.

niño epiléptico, preguntándose por qué ellos no pudieron echar al espíritu inmundo (cf. Mc 9,14-29). Recordemos que, en este relato evangélico de curación, lo que experimentaron los discípulos fue su impotencia y su fracaso; de ahí que, al entrar en casa, le preguntaran a Jesús a solas: «¿Por qué nosotros no pudimos expulsarlo?» (Mc 9,28).

De la misma manera, los habitantes de Becedas también podrían preguntarse respecto a su párroco don Pedro: «¿Por qué nosotros no pudimos ayudarlo?». Pues ciertamente del texto de Teresa deducimos que algunas personas lo habían intentado, ya que dice así refiriéndose al idolillo: «Nadie había sido poderoso de podérsele quitar» (V 5,5). A los habitantes de Becedas les pasó lo mismo que a los discípulos: también experimentaron su impotencia, su fracaso. Y nosotros nos podemos preguntar: ¿qué les faltó? La respuesta de Teresa es la misma del Evangelio.

Al final del relato de la curación del niño epiléptico, Jesús concluye: «Esta clase de demonios no puede ser expulsada sino con la oración» (Mc 9,29). El poder de Jesús sobre este peligroso demonio procede de su excepcional unión con Dios, más fuerte que todas las potencias malignas.

Eso mismo ocurre en el caso de Teresa y el párroco de Becedas. Ella oró por él y con él. Una vez más tenemos que aceptar una lógica diferente, una lógica que no es la nuestra.

> «Mirad a mi siervo, a quien sostengo;
> mi elegido, en quien me complazco [...].
> No gritará, no clamará, no voceará por las calles.
> La caña cascada no la quebrará,
> la mecha vacilante no la apagará»
>
> (Is 42,1-3).

Esto fue lo que hizo Teresa: no gritó, no alzó la voz por las calles, no rompió la caña cascada ni apagó el pabilo vacilante.

En este contexto, y a la luz de los textos que estamos meditando, podemos preguntarnos, como los discípulos, ante diversas circunstancias difíciles: ¿por qué nosotros no podemos? Y revisar cómo es nuestra oración.

Parecería que decir esto es como no decir nada; sin embargo, es decir mucho, es decir todo. A veces damos las cosas por hechas y por sentadas, y no hay por qué. Quizá alguien piense: «¡Madre mía, con lo que yo tengo encima, si ahora tengo que añadir un tiempo para la oración, no sé de dónde lo voy a sacar!». Pero quizá esto sea un círculo vicioso, la pescadilla que se muerde la cola. No hago oración porque no tengo tiempo ni lugar, pero, como no hago oración, no llego a donde querría...

Y no es tan fiero el león como lo pintan. Recordemos lo que hacía Teresa y que nos ha referido hace un momento: «Procuraba lo más que podía traer a Jesucristo, nuestro bien y Señor, dentro de mí presente, y esta era mi manera de oración» (V 4,7). Caben aquí todos los modos posibles de hacer oración, sin pretender disculparnos con el tiempo o los muchos quehaceres. Se trata de interés personal, de caer en la cuenta de que él está, como dice Teresa, «dentro de mí presente».

Es un asunto de fe, que no necesita de nada ni de nadie, salvo de nosotros mismos. Requiere «deseo de estar con», «atención a», «pensar en», «valorar desde» y «constancia para». No hay que hacer tanto, y ¡es tanto lo que hacemos cuando hacemos esto!... En esas pocas palabras, Teresa nos deja resumidos todos los grados de oración, y en realidad toda su obra.

En algunas Biblias hay una nota que completa la respuesta a la pregunta de por qué nosotros no podemos solucionar ciertos problemas con solo la oración. Dice así la nota: «En Mc 9,29, numerosos manuscritos, aunque no los mejores, añaden: "y el ayuno"»[47].

Pues bien, después de lo que estamos viendo, pienso que quizá Teresa nos enseña que más importante que el ayuno es acompañar la oración con el amor. La frase, entonces, quedaría así: «Esta clase de demonios no puede ser expulsada sino con la oración y el amor». Que no son cosas diferentes, porque la oración, según Teresa, es un trato de amistad. Recordemos la famosa definición de oración: «No es otra cosa oración mental, a mi parecer, sino tratar de amistad, estando muchas veces tratando a solas con quien sabemos nos ama» (V 8,5). Así pues, oración y amor.

Fijémonos en la motivación por la que don Pedro llevaba puesto el idolillo: porque la desventurada mujer «le había rogado le trajese *por amor de ella* al cuello» (V 5,5).

¿Qué ocurre al final? Dice así: «... aunque más creo le hizo al caso *el quererme mucho*; porque, por hacerme placer, me vino a dar el idolillo, el cual hice echar luego en un río» (V 5,6).

Por amor de una mujer se pone el idolillo y por amor de otra se lo quita. No sé cuánto le costaría al pobre hombre ponérselo; me imagino que mucho menos que quitárselo. Recordemos de nuevo el texto de Teresa: «Nadie había sido poderoso de podérsele quitar», con toda la carga

---

[47] Así en la versión de La Casa de la Biblia (Madrid 1992³), en la página 1524.

evangélica que tiene. Del endemoniado de Gerasa se dice: «Ni con cadenas podía ya nadie sujetarlo» (Mc 5,3).

Solo el amor es capaz de lanzar al río o al mar los espíritus inmundos. Solo el amor es capaz de transformarnos. De esto creo que todos tenemos suficiente experiencia.

Pensemos por un momento de qué forma los habitantes de Becedas habrían intentado quitarle el idolillo a su párroco. Quizá por la fuerza, quizá levantando la voz, o tal vez con buenas palabras, pero con una lógica aplastante que lo único que podía hacer era añadir dolor a su dolor, pues seguramente también él veía lo mismo que ellos veían, pero no tenía fuerzas para salir de ahí. De nuevo acude a nosotros la figura del Siervo:

«No gritará, no clamará, no voceará por las calles.
La caña cascada no la quebrará,
la mecha vacilante no la apagará»

(Is 42,2s).

Esta figura del siervo sufriente, a quien constantemente hemos recordado, es un personaje que, yendo en contra de la violencia, trae un tipo de salvación eterna, espiritual, y por eso mismo duradera, frente a, por ejemplo, la salvación temporal que consigue la violencia y que es efímera.

En Teresa brilla la ternura femenina, el cariño, la amistad, el acompañamiento e incluso la seducción, que finalmente engolosinan al clérigo y desatan el nudo afectivo de una dependencia malsana. Es posible, en este punto, una doble mirada reflexiva:

a) Una que nos dé cuenta de la cantidad de veces que hemos servido a los demás para deshacer sus nudos afectivos y mentales. El corazón de los célibes, o está lleno de amor o está simplemente en barbecho.

b) Otra mirada hacia dentro de nosotros mismos, para evaluar dónde ponemos nuestros afectos personales.

2. Peligros y riesgos

Sin embargo, no vamos a ser ingenuos e ignorar los riesgos que algo así conlleva. Teresa fue consciente de que jugaba con fuego: «Pues, comenzándome a confesar con este que digo, él se aficionó en extremo a mí [...]. No fue la afición de este mala; mas, de demasiada afición, venía a no ser buena. Tenía entendido de mí que no me determinaría a hacer cosa contra Dios que fuese grave por ninguna cosa y él también me aseguraba lo mismo, y así era mucha la conversación» (V 5,4). Y en otro lugar dirá: «Porque aquella afición grande que me tenía nunca entendí ser mala, aunque pudiera ser con más puridad[48]; mas también hubo ocasiones para que, si no se tuviera muy delante a Dios, hubiera ofensas suyas más graves» (V 5,6).

Si Teresa ha podido salir victoriosa de esta situación, es porque se ha sentido poseída por dentro, en palabras de Juan de la Cruz, de «otra inflamación mayor de otro amor mejor». En efecto, dice el místico en el primer libro de la *Subida al Monte Carmelo*, comentando una de sus canciones:

---

[48] Quiere decir «con más sigilo».

«Porque para vencer todos los apetitos y negar los gustos de todas las cosas, con cuyo amor y afición se suele inflamar la voluntad para gozar de ellos, era menester otra inflamación mayor de otro amor mejor, que es el de su Esposo, para que, teniendo su gusto y fuerza en este, tuviese valor y constancia para fácilmente negar todos los otros. Y no solamente era menester para vencer la fuerza de los apetitos sensitivos tener amor de su Esposo, sino estar inflamada de amor y con ansias»[49].

Con razón escribe Baruzi: «La lucha contra los sentidos está condenada al fracaso si no está completamente transfigurada por una especie de triunfo de un amor sobre otro amor. Triste victoria la de un alma que renuncia, pero sin estar animada por ningún nuevo ardor»[50].

Aquí está el secreto que hace que Teresa pudiera amarlo sin quemarse, experimentando de nuevo las palabras proféticas de Isaías: «Si atraviesas las aguas, yo estaré contigo; los ríos no te anegarán. Si pasas por el fuego, no te quemarás; la llama no te abrasará» (Is 43,2).

Lo repito una vez más: es en la oración donde podemos tener una «inflamación mayor de otro amor mejor» que nos fortalezca en medio de todas las dificultades, tanto para ir a buscar a la oveja perdida como para sostener a las noventa y nueve.

Recordemos las palabras que Pablo dirige en el libro de los Hechos de los apóstoles a los responsables de Éfeso: «Tened cuidado de vosotros y de todo el rebaño sobre

---

[49] SAN JUAN DE LA CRUZ, *Subida al Monte Carmelo*, libro 1, 14, 2.
[50] J. BARUZI, *Saint Jean de la Croix et le problème de l'expérience mystique*, Alcan, Paris 1924, 412.

el que el Espíritu Santo os ha puesto como guardianes» (Hch 20,28).

Fijémonos en que primero les dice «Tened cuidado de vosotros», para que así puedan cuidar de todo el rebaño que el Señor les ha confiado. Porque puede ser una tentación o un peligro el pensar solamente en las necesidades del «rebaño», olvidándose de que uno mismo tiene también necesidades.

Por eso se nos pide sencillez de palomas y astucia de serpientes (cf. Mt 10,16), de las que finalmente nace la prudencia confiada. Debemos conocer lo más profundamente posible el mundo emocional para ser capaces de navegar por él sin miedo, y a la vez debemos tener a punto siempre la voluntad para guiar nuestros pasos por el camino de la paz. Mi deseo es que nos alimentemos en los ricos pastizales de la oración para que así podamos nutrir y dar vida a los demás.

Teresa ha rehabilitado a este hombre, al que podemos ver finalmente liberado y, como el geraseno del Evangelio, «sentado, vestido y en su sano juicio» (Mc 5,15). Ha sido preparado para el encuentro definitivo con Dios, una vez que el maligno ha salido de él, yendo a parar al río. Al fin, don Pedro tuvo la suerte de haber experimentado en su vida «otra inflamación mayor de otro amor mejor».

El día que Teresa puso el pie en Becedas, de en medio de la turba una voz profética se alzó: «Hoy ha llegado la salvación a este pueblo» (cf. Lc 19,9). Nadie entendió. El día que se marchaba, casi muerta, desfallecida, la misma voz exclamó: «Ella vino a buscar y salvar lo que estaba perdido» (*ibidem*). Tampoco entendieron mucho. Probablemente comprendieron después. Solo se sabe una cosa: a partir de aquel día todo el paisaje floreció.

De nuevo las palabras proféticas revelaban su sentido y su cumplimiento:

«Haré brotar ríos en cumbres desoladas; en medio de los valles, manantiales. Transformaré el desierto en marisma y el yermo en fuentes de agua. Pondré en el desierto cedros, acacias, mirtos y olivares; plantaré en la estepa cipreses, junto con olmos y alerces» (Is 41,18s).

«En ambas riberas del torrente crecerá toda clase de árboles frutales; no se marchitarán sus hojas ni se acabarán sus frutos» (Ez 47,12).

«Todo ser viviente, allí donde desemboque la corriente, tendrá vida» (Ez 47,9).

ESTE TEXTO SE TERMINÓ DE ESCRIBIR
EN MARZO DE 2025
EN EL CONVENTO DE LAS CARMELITAS DESCALZAS
DE FLORIDA, URUGUAY.